人類最古的文明

美索不達米亞藝術

藝術家專輯

黏土板印章，雕刻著數字記號
紀元前3500～3300年
馬里西北部出土　敘利亞國立博物館藏

藝術家出版社

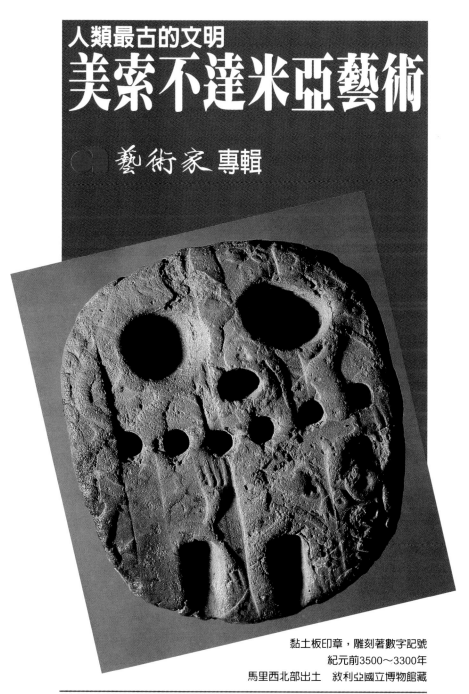

目錄

●本書專輯部分圖版為「文明曙光：美索不達米亞——羅浮宮兩河流域珍藏展」展品，感謝國立歷史博物館、羅浮宮、橘園策展公司提供。

附錄

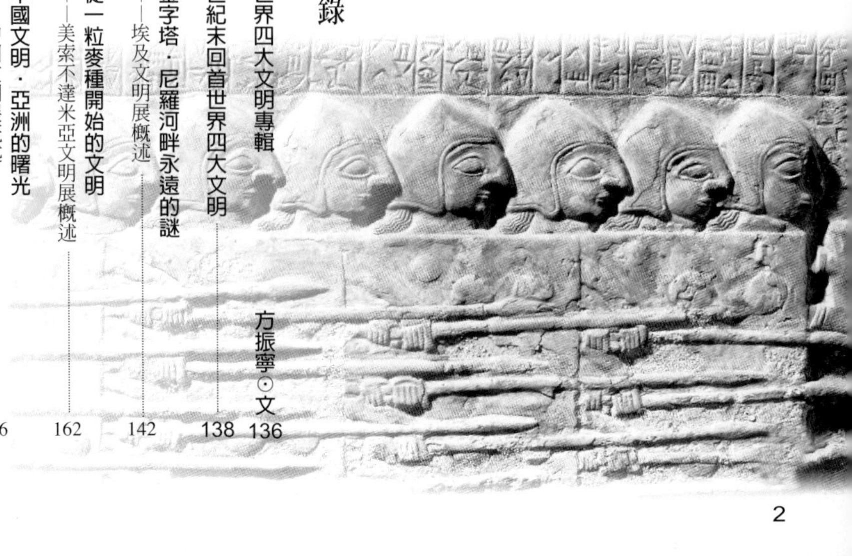

黃金雄牛頭　豎琴上的裝飾品
紀元前2500年前後
烏爾王妃希布·阿蒂珍藏品
烏爾王陵出土
巴格達伊拉克國立博物館藏

前言

美索不達米亞——人類最古的文明

美索不達米亞（Mesopotamia）文明，是早在紀元前三千五百年左右，源自蘇美地方。而更早在紀元前六千年到紀元前四千年左右，被稱為烏拜德時期，文明即逐步發展。

在地理上，美索不達米亞是指西亞的底格里斯河和幼發拉底河的流域地區。此地原是安納托里亞、阿拉伯、伊朗三個高原的陷落地帶，後來因為兩河的沖積而成肥沃的平原，形如新月，因此被稱為「肥腴月灣」。美索不達米亞在希臘語中，就是「河間之地」。

美索不達米亞的範圍，包括北自土耳其的阿爾曼尼亞山腳，南迄波斯灣頭，東從伊朗的薩格羅斯山，西至敘利亞沙漠，亦即今日的敘利亞北部、土耳其的東南部，以及伊拉克全境。這一地帶氣候乾燥，年平均雨量只有兩百公釐。河水能到達的地方，人口密集，農業發達，盛產小麥、棉花，是西亞的精華地區。

美索不達米亞的著名，不在於它農產的豐富，而是因為它是世界古文化的發源地之一。紀元前三千五百年左右，居住在這裡的蘇美人，以及兩千七百年左右的閃族人，已有了輝煌的文明。他們利用灌溉，發展農業，畜養動物，使用銅器，製作陶器，發明楔形文字，使用削尖的蘆葦莖，以刻印方式寫於柔軟的黏土板上，記載他們的生活，具有許多世紀的技藝背景與傳統。自紀元前兩千三百年到紀元前五百卅九年之間，統治此地的幾個帝國，如巴比倫、亞述、新巴比倫，都對人類文明有很大貢獻。後來歷史上就稱這一段期間的文明為「巴比倫文化」，而美索不達米亞，也就被稱為「巴比倫文化的搖籃」。

巴比倫歷史的開端者，是一位強有力的人物漢摩拉比（2123-2081B.C.）。巴比倫第一王朝即是漢摩拉比在位的王朝。他統治兩河流域諸小邦，是法律秩序的創造者，集蘇美法典的大成，編成了漢摩拉比法典。漢摩拉比法典碑，一九〇二年在蘇薩出土，於綠玉圓柱上雕刻條文，一端刻有「漢摩拉比謹受於太陽神Shamash」字樣。原件現藏巴黎羅浮宮。

美索不達米亞的藝術，留傳下來的並不像埃及那麼豐富，除了宗教信仰因素之外，有一部分原因是地處河谷區沒有採石場，大部分建築用磚造，或用黏土板塑造人物圖象，天長日久，就風化銷蝕為塵土了。不過，我們仍可在當時王陵出土碑銘及人物、動物圖形文物中，看到當時蘇美人愛好對稱和精確的形式。美索不達米亞各時代的王朝，在建築上有卓越表現，例如新巴比倫王那普加德那薩爾二世（604-562B.C.）統治時勢力強盛，都市繁榮，在各主要道路建造大門，其中最有名而最具規模的就是伊希達門。另外著名的建築為空中花園和巴別塔。至今三者遺址仍存在，伊希達門及著名的遊行道，則在德國柏林西亞古博物館中，保存有復原的模型。（見本書介紹）

美索不達米亞文明，後來傳承至希臘羅馬社會以及東方文明。今天，美索不達米亞的藝術品，都被珍藏在博物館中，包括：巴格達伊拉克國立博物館、敘利亞國立博物館、巴黎羅浮宮、柏林西亞古博物館、倫敦大英博物館等，都擁有豐富的美索不達米亞藝術珍藏。

美索不達米亞遺蹟——亞述帝國的首都尼尼微俯瞰。
位在底格里斯河中流，薩格羅斯山脈山麓美索不達米亞平原邊境地帶。

蘇美中心都市遺址烏爾，伊拉克南部，幼發拉底河下流右岸巴比倫王國都市遺址。烏爾第一王朝（約紀元前2500年）的王墓，傳說有豪華副葬品而著名。

美索不達米亞寶貴遺蹟，吸引許多考古學者注目的阿達爾洞窟。

伊拉克巴格達郊外，底格里斯河畔都市巴基亞，是薩珊朝時代首都。
夏布爾一世宮殿遺址的拱門頗為壯觀。

居住在伊拉克、伊朗、土耳其
國境地帶的庫得族，
是歷史上以豪邁勇猛著名的
半遊牧民族。

美索不達米亞平原
三月之春的美索不達米亞平原，地平線無限遼闊，早晚羊群隨吃草而移動。

建築在沼澤地用蘆葦草編築成的家屋

蘆葦草家屋內部一景

約5000年前，蘇美人的雕刻（部份）。刻畫拱形的蘆葦草家屋。人們的生活方式與昔日沒有多大變化。（伊拉克國立博物館藏）

[左頁圖]
幼發拉底河中流，哈迪撒附近殘留的昔日水車，令人興起思古幽情

美索不達米亞南部沼澤地帶的水上人家。蘆葦草築成的民居，逐水草而居，別有一番風情。

美索不達米亞遺蹟

底格里斯河上流，阿巴斯朝時代的橋，灌溉用水道

幼發拉底河　河中的遺蹟是阿巴斯朝時代的橋蹟

美索不達米亞是指兩河之間的意義，兩大河為美索不達米亞之父母　圖為殘存中世紀趣味的奧得・巴斯拉民居，有「中東威尼斯」之稱的伊拉克南部古蹟

人類古代文明的搖籃幼發拉底河，
年年歲歲，流水滔滔

年代	大事紀
紀元前1600年	米坦尼王朝興起 巴比倫第三王朝
紀元前1450年	米坦尼王國繁榮
紀元前1360年	亞述脫離米坦尼獨立
紀元前1244年	亞述王克爾蒂・尼努爾達一世（～紀元前1208年） 統治時佔領巴比倫
紀元前1100年	亞述王迪格拉皮塞爾一世（紀元前1115年～紀元前1077年） 中興亞述
紀元前900年	亞述王克爾蒂・尼努爾達二世（紀元前890年～紀元前887年）從亞述遷都尼尼微 亞述王亞述・那希爾帕爾二世（紀元前883年～紀元前859年）從尼尼微遷都卡爾克
紀元前853年	亞述王夏爾馬涅些爾三世，打倒敘利亞諸國
紀元前740年	迪克拉普萊些爾三世（紀元前744年～紀元前727年）統治下，亞述鼎盛
紀元前720年	薩岡二世（～紀元前705年）統治下，亞述帝國時代
紀元前700年	亞述王先拉赫立普（紀元前704年～紀元前681年）攻擊巴比倫
紀元前668年	亞述王巴尼巴爾（～紀元前631年左右）時代
紀元前625年	那帕波拉薩爾即位為新巴比倫王
紀元前612年	新巴比倫、米提亞聯軍攻陷亞述首都尼尼微
紀元前609年	亞述滅亡
紀元前605年	新巴比倫王那普加德那薩爾二世擊敗埃及第廿六王朝
紀元前597年	新巴比倫攻陷耶路撒冷
紀元前320年	馬其頓王亞歷山大二世統一美索不達米亞

美索不達米亞文明史年表

年代	大事紀
紀元前4300年	南部奧拜德文化前期
紀元前3500年	蘇美人定居幼發拉底河岸
紀元前3300年	烏魯克出現最早圖畫文字
紀元前3000年	初期王朝時代（～紀元前2350年） 馬里文明
紀元前2600年	烏爾第一王朝興起
紀元前2500年	亞述興起
紀元前2450年	埃安那多姆促使城邦國家拉卡修繁榮
紀元前2360年	拉卡修王烏爾加基那進行改革 溫馬（烏魯克）王魯加爾薩加西統一美索不達米亞
紀元前2350年	薩岡的阿卡德王朝統馭巴比倫地區
紀元前2200年	青銅時代中期
紀元前2150年	烏爾蘭姆復興烏爾第三王朝
紀元前2094年	修爾基王（～紀元前2047年）統治下，烏爾繁榮
紀元前2000年	烏爾第三王朝滅亡 伊辛、拉爾薩兩王朝興起
紀元前1894年	巴比倫第一王朝興起
紀元前1800年	漢摩拉比王朝（紀元前1792年～紀元前1750年） 政治鼎盛 巴比倫第一王朝巔峰 馬里王朝繁榮

民族的戰場，古文明的迴廊

——美索不達米亞的歷史——

文明的曙光

從紀元前一百五十萬年前開始，人類在西亞過著半遊牧生活，以狩獵、漁獵、採集爲生。這種生活歷經最後的冰河時期而有了改變。遠在一萬兩千年到一萬三千年以前，冰河期一結束，天氣開始乾燥化，西至巴勒斯坦東至伊朗的薩格羅斯山脈的山麓都有了人類足跡。人類開始群居在大河附近。人與河川的緊密關係從此開始。紀元前九千年，終於在姆勒法斯(M'lefaas)、柯爾梅斯・德雷(Qermez Dere)、涅李克(Nemrik)出現最古老的人類聚落。村人依著美索不達米亞北部的溪谷以及庫德斯坦(Kurdistan)的乾燥的農業地帶居住下來。

其實，在紀元前八千五百年前，兩河流域上游已經產生了畜牧、農耕文明。人們在這山麓與河川的交接地帶，開始

阿爾・特爾・索瓦出土的女神
陶土 5600-5400B.C.
伊拉克國立博物館藏

亞述古城遺蹟，位於底格里斯河的平坦沖積平原之遺蹟，現為伊拉克領土

種植野生大麥、小麥，農業興起；飼養羊群、山羊，畜牧業也就興起。新石器時代的人類使用黏土塑造大地母神、動物等等小型塑像，做為祈禱豐收的俑像。既然是農耕，人們也就使用了耕地用的土製圓鍬。漸漸地，人們開始往下游發展。下游一帶是低窪的溼地，適合農作生產，只要有良好的排水系統與灌溉，就能創造出豐碩的收成。因此，文明產生的最重要條件就是從畜牧業轉進到農業。

西亞文明發源地在底格里斯河與幼發拉底河所構成的新月形地帶。底格里斯河北邊以薩格羅斯山脈隔離伊朗高原。幼發拉底河南邊盡是浩瀚茫茫的沙漠。美索不達米亞平原的文明是世界上最早文明。這一文明分成南北兩大系統，美索不達米亞北部與敘利亞的達埃吉勒(Djezireh,6500-6000B.C.)所發現的哈斯那文化(la culture de Hassuna, 6200-5700B.C.)、薩馬拉文化(la culture de Samarra, 6000-5100B.C.)、哈拉大文化(la curture de Halaf)，南部則是奧拜德文化(la culture d'Obeid,6500-3700B.C.)。奧拜德文化後期土器的分部地區，西部到達現在的敘利亞，東部到波斯灣，是美索不達米亞文明的準備時期。

奧拜德文化後期，亦即紀元前四千五

六個計算珠 高1.6～5cm，寬1.3～3.4cm
黏土 3500B.C.～3100B.C.

百年終於出現了製陶的轆轤。美索不達米亞平原南部的特羅(Tello)出土不少奧拜德末期的文物。這一時代不只出現一般的陶器，也出現了薄如蛋殼的彩陶。

文字的發明

蘇美位於美索不達米亞平原南部。所謂蘇美人則是指定居在該地的民族而言。然而蘇美人並不是當地最原始的民族，他們是從奧拜德時期開始陸陸續續進入美索不達米亞南部，以後創造出美索不達米亞的最初文明。

烏魯克時期(L'époque Uruk)是指紀元前四千年的整個時期。早期詳情不甚清楚，後期則因爲特別大量的建築與考古文物的出土，輪廓漸次明晰。因爲轆轤的發明，可以大量生產器皿，也就有了生產性的工坊，以及師徒制度的產生。建築方面，聚集多數勞工，鳩工興建的大型建築物。宮殿、神殿等等裝飾華麗的建築物也開始出現。覆蓋建築外側的豪華拼花圖案也應運而生。建造如此豪華建築物必須要有提供資金與組織龐大人力的領導人。由此可知社會的領導階層已經建立，這一點可以從圓筒形印章的普遍使用看出。在圓筒形印章上，描繪著都市裡擔任最高職務的人物。

隨著都市文明的產生，個人與團體的

祭司・國王像 高30.5cm，寬10.4cm
石灰石 3300B.C. 巴黎羅浮宮藏

關係變得日益密切。爲了應付這種日益複雜化的人際關係，傳達心中意念，文字的需要應運而生。蘇美人的文字隨著時代的前進變得更爲複雜而多樣。剛開始，人們使用稱之爲「計算珠」(calculi)的黏土幣來記憶日益複雜的交易行爲。北部美索不達米亞，在七千年前已經出現了計算珠。這些東西既表示產品的種類也表示數量。在紀元前三千三百年前的烏魯克時代，這些乾燥或者燒成的計算珠被放置在黏土製成的容器內。物品到達時，就將容器切開，核對物品數量與計算珠數量。然而，這種方式還是不完善。因此，就加以改良，將計算珠所顯示的訊息，以小小刻畫標示在容器表面，也就是說相同的訊息兩次記下來。於是計算珠的方式就不再被使用。商品的數量一增加，容器就開始變成平面，最終以黏土板來取代。

最早的黏土板出土於烏魯克遺蹟，共有五千片。其餘各地也都陸續出土。從這些符號的比對中我們發現這些視覺符號的發展體系。人們將蘆葦削尖，在柔軟的黏土上書寫。紀元前三千三百年到三千兩百年前的烏魯克後期，常常刻下表示數量的刻畫，以後這些刻畫就與文字組合在一起。這些文字當中能夠被加以解讀的已經有一千五百字。每個文字是透過容易描寫的東西來傳達觀念。譬如說以牛頭表示家畜。此外也有將文字

納獻石板：介紹古迪阿場面
高42cm，寬37cm 石灰岩 2125-2110B.C.
巴黎羅浮宮藏

首飾　長16.5cm　瑪瑙、紅玉、水晶、天青石
2000B.C.初期　巴黎羅浮宮藏

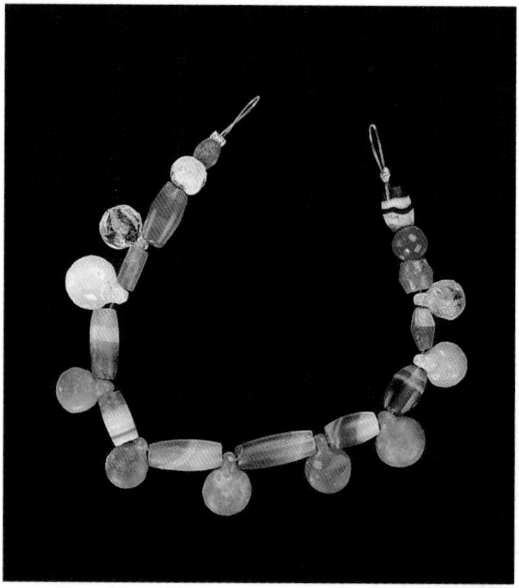

加以組合，表示複雜的觀念。譬如將牛頭與碗結合在一起就變成食物或者飲食。總之這些文字大都與會計紀錄與經濟有關。

然而以上的象形文字漸次廢棄。代之而起的是表音文字。到了紀元前三千一百年到兩千九百年的迪德．那斯爾時期(L'époque de Djemdet-Nasr)，抽象記號已經不是表示觀念，而是表示聲音，以及更正確地表示音節。於是所有發音終於可以表達言語。這種文字最早被使用於美索不達米亞平原南部的蘇美人手中。從此以後，文書內容變得多樣化，不只是商品數量，也能表示每日配給物種類、職業名單、語彙集成等等。因爲這種文字是將蘆葦尖端削成三角形，在黏土上書寫，文字成爲楔形。十八世紀的考古學者將蘇美人的文字稱之爲楔形文字(L'écriture cuneifor)系統。阿卡德人改良楔形文字，追加到五百到六百的音節符號，紀元前一千年前，楔形文字普遍被使用於西亞一帶。

隨著楔形文字的發現，接著就是圓筒印章的發明。這種圓筒印章如同中國的封泥，做爲證明文書本身的正確性。也如同個人的署名。到了紀元一千年左右隨著楔形文字的消滅而不再流傳。

蘇美人的城市

紀元前三千一百年左右，光輝的烏魯克文化出現了危機，巨大的建築物被破壞，代之而起的是稱之爲國王．祭司的人物。國王以後成爲祭祀富饒女神伊楠娜(Inanna)的祭司。在祭祀行列中，國王．祭祀在貢品面前，面對女祭司扮演的女神前進。這種類似結婚進行曲的宗教儀式，宛如結婚進行曲一般，將世間

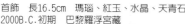

阿拉姆文石碑　石灰岩　2200B.C.　巴黎羅浮宮藏　蘇薩出土

權力所有者與天上權力所有者緊密地結合在一起。開啓了蘇美都市文明的神權政治。

蘇美人在兩河流域南邊建立都市，阿卡德人(Akkad)則在北邊建立屬於自己的都市。兩種民族並非處於敵對狀態，而是一種共存共榮的關係。蘇美人是農業民族，阿卡德人則屬於遊牧民族的閃族系統。阿卡德人從蘇美人學習了楔形文字的表記方式、發音、文法。這兩個民族一起將兩河流域的文明發揚光大，使得他們所共同創造的文明，西到敘利亞的幼發拉底河，馬里(Mari)成爲最前線，東部則影響到蘇薩與蘇西安平原的文明。

他們的都市是由繼承烏魯克時代的國王·祭司的地方王朝(dynaste local)所統治。這些地方王朝的君主既是眾神與人類的中介者，也是都市的保護者，同時又是人民之間紛爭的裁判者。因此，都市國王的君主指導運河工程、神殿建設。這些國家同文、同種，並擁有共同信仰，卻因國境管轄權、水道等藉口發生爭戰，其實這只是他們爭奪霸權的藉口而已。戰爭除了是擄獲戰勝品顯示自己財富的方式之外，也是消除內部不平等的手段之一。

這時期流行著神殿納獻品的習慣，將刻有宗教宴會的納獻板獻給神殿，掛在神殿牆壁上。此外也將刻有自己的親戚或者書記、大祭司、高級官僚的小型人俑放置神像前，做為替身保護自己的平安。

從烏爾(Ur)城所出土的紀元前兩千六百年到兩千五百五十年左右的墳墓中，挖掘出國王的墳墓。這一墳墓中有數十位僕人、軍人、樂師、宮女殉葬。陪葬品則包括金、寶石等製成的豪華裝飾品、金銀器具、華麗武器……。這除了表示製作金銀器具的工人數量眾多之外，也表示這些材料來自各地。譬如玉、圓筒印章、武器鍵柄上的天青石(lapis-lazuli)來自阿夫加尼斯坦山(Mt.Afghanistan)，金子則採自紅海沿岸以及南阿拉伯，銅來自阿曼半島。這些

阿卡德與基絜國王薩岡面具
青銅　3000B.C.
伊拉克國立博物館藏　尼尼薇出土

那拉姆．辛統治時代碑文
高34cm，寬15cm
石灰石　2254-2218B.C.
巴黎羅浮宮藏
刻有「強者、四方之王，一年之間戰勝九次之那拉姆．辛在這些戰役中獲勝，擄獲三位國王……」銘文

哈格達卡碑　石灰岩　2400B.C.　描寫拉卡修王埃安那多姆征服溫曼的戰鬥情形

圓筒戰功碑　陶土　2150B.C.
歌頌拉卡修王古迪阿戰功碑

都印證出當時美索不達米亞流域城邦國家的繁榮與昌盛。

美索不達米亞初次的統一
——阿卡德王國的建立

美索不達米亞平原在紛擾與和平中度過了七、八百年。終於到紀元前兩千三百五十年左右，溫馬統治者(Le souverain d'Umma)魯加爾薩加西(Lugalzagesi)統一了兩河流域南部，可惜卻十分的短暫。北方基架國王(Le roi de Kish)的司酒官(échanson)薩岡(Sargon)卻奪取政權，揮

烏爾王墓與神殿遺址

兵南下，一舉消滅南方政權。於是美索不達米亞的南北初次統一。薩岡是一位傳奇性的人物，母親是女性聖職人員，出生後被放入蘆葦織而成的籃中，放入幼發拉底河，卻被汲水工人拾獲。他長大後爲基絮國王司酒官。薩岡統一兩河後，以阿卡德人做爲蘇美人城邦的總督。其實，當時蘇美人視居住在薩格羅斯山麓的阿卡德人爲野蠻民族，而阿卡德人卻將他們視爲居住於城市，信仰神的文化人。

阿卡德的國王們建立中央集權制度，消滅向來南北懸殊的地位，以阿卡德語做爲通用語。這一新興王國生氣勃勃，四處出兵，部隊到達敘利亞，並加以佔領，進入土耳其中部(Anatolie)，北部則合併往後的亞述帝國，東部征服蘇薩。海軍更是到達阿曼(Magan)、迪爾馬(Dilmun)以及巴林島(L'île de Bahrein)。這樣大規模的軍事行動的目的主要是爲了控制商品與運輸路線的暢通。

強盛的阿卡德王國對於美術採取了新的態度，以藝術作品宣揚國王的顯赫戰功與權威。從這個時代開始，私人美術製作品消失，代之而起的是比眞人還要巨大的石塊、銅器國王肖像。在這前所未有的王國內的重要都市豎立著國王的巨大雕像與戰勝紀念碑。適合於表現國王威權的石頭材料是閃綠石(diorite)。這種石頭堅硬無比，釉黑而不易雋刻，雕刻者必須具備高度的技術。工人在閃綠石上以技術高超的手法表現出征服北方山岳民族的戰績，〈那拉姆·辛戰勝碑〉是著名紀念碑。然而到了紀元前兩千年初期，閃綠石已經不再被王侯所重視了。

阿卡德王國在那拉姆·辛的兒子薩爾卡里薩里(Sharkalisharri)時代依然光輝萬丈，此後則愈趨衰微。姑提人(Guti)給予阿卡德王國致命的一擊。整個阿卡德帝國陷入無政府狀態，紀元前兩千兩百年到兩千一百五十年之間，南部諸國恢復獨立。阿卡德王國承傳不到一百五十年，然而他所留下的政治、美術個領域的遺產則決定了往後美索不達米亞平原的未來。

拉卡修王國的古迪阿——蘇美人的復興

在阿卡德王國滅亡之後，紀元前兩千

一百五十年前，在地區擁有實力的烏爾·包(Ur Bau)終於起而代之。這位國王復興蘇美文化，將被視爲第二等語文的蘇美語被提昇爲第一用語。他的繼承者古迪阿(Gudea, 2125-2110B.C.)重建都市，復興公共建築，可以稱之爲眞正的蘇美人的文藝復興。古迪阿是烏爾·包的女婿，他即位之後，爲了訴諸自己權力的合法性，將這樣的句子刻在巨大的建國碑文中：「我沒有母親。妳是我的母親。我沒有父親。妳是我的父親。」自稱自己是女神加騰多(La Gatumdug)之子。

古迪阿重視通商，使產物流通，並與各國結盟，終於帶來了繁榮的時代。他將首都從拉卡修遷移到神殿所在的基爾絮(Girsh)。基爾絮是祭祀埃尼努神(Eninu)的城市。全國各地共建造了十五座神殿。神殿的建築極盡豪華之能事，從黎巴嫩山運來杉木，穿越波斯灣採集金、銀、紅寶石、天青石等等。

這個帝國延續不多久，勢力漸次衰弱，終於被烏爾·那姆(Ur Nammu,2112-2095)所建立的帝國兼併。他在古都烏爾獲得權力之後，將蘇美人領土納入自己的統治以內。爲了使自己的統治獲得合法性，烏爾·那姆在蘇美人最高神祇埃尼努的宗教首都，自立爲「蘇美・阿卡德之王」。烏爾·那姆試圖將蘇美與阿卡德兩種文化加以適度調和。此外，爲了彰顯神權，他建立了一些新樣式的塔(Zuggurat)，這種塔成爲美索不達米亞的宗教性特色之一。

他的繼承者修爾基(Shulgi)大拓疆土，北部包含亞述，東南涵蓋蘇薩。爲了統治如此廣大王國，於是組織了中央集權的政治組織，使國王命令得以通行無阻。此外，爲了完成先王未境的遺志，編撰完成「烏爾·那姆法典」(Code d'Ur Namma)。到了紀元前兩千零四年，烏爾第三王朝終於被西馬絮基地區(Shimashki)國王金達圖(Kindatu)所滅亡。

巴比倫王國的強盛

美索不達米亞地區的鼎盛時期終於在紀元前兩千年到一千六百年之間到來，對於周遭民族產生了強烈的影響，影響所及東到現今的波斯，西北到土耳其，北到亞述、敘利亞。巴比倫帝國的建立者原本是西部敘利亞斯特普沙漠的遊牧民族阿摩爾里特人(Amorrite)。他們從紀元三千年起開始陸陸續續入侵美索不達米亞，造成了烏爾帝國的衰敗；另一部分早已入居兩河流域的各大城邦，習慣於該地生活，並被僱爲傭兵，時間一久就握有

被強制遷移者浮雕　高86cm，寬88cm　雪花石膏　645-640B.C.
巴黎羅浮宮藏　亞述尼尼微宮殿出土

政權，到了紀元前兩千年前，他們幾乎都掌握了美索不達米亞平原各城邦的領導權。兩河流域的城邦林立，紛紛想要完成統一的美夢，巴比倫城與他們相較起來，不過是一座毫不起眼的小村落而已。

經過一連串的合縱連橫，傳到第六代國王漢摩拉比國王(Le roi de Hammmurabi,1792-1750B.C.)終於使得巴比倫王朝得到飛躍發展。這位國王才幹卓越，不只是一位軍事天才，也善於外交謀略，除了加強對各城邦的統治外，

為漢摩拉比祈求長壽的獻納像　青銅、金
1800B.C.

[左]為艾蘭王掠奪的美索不達米亞石碑之頂部
高64.5cm，寬41cm　玄武岩　1200B.C.
巴黎羅浮宮藏
巴比倫製作，紀元前三千年前開始即時常出現之君權神授的宗教浮雕

地方建設更是不遺餘力。開運河、建神殿、開發土地。早期他勤於內政建設，到了在位第廿九年起，開始四出征討，一一平定周遭的強大城邦，達到前所未有繁榮局面。

漢摩拉比的最大貢獻之一是制定「漢摩拉比法典」。統一美索不達米亞之後，漢摩拉比除了整飭行政組織之外，要數「漢摩拉比法典」的頒定。「漢摩拉比法典」不只具備法典的條文，也將歷來的判例明文頒佈。這部法典共有兩百八十二條，涵蓋了經濟、社會等社會規範，是研究上古西亞文化的重要文獻。

亞述王巴尼巴爾王的狩獵（部分）　紀元前7世紀
亞述王北宮殿遺址出土
倫敦大英博物館藏

狩獵的亞述王巴尼巴爾王　紀元前7世紀　後期亞述
尼尼微出土
倫敦大英博物館藏

亞述帝國

亞述帝國的建立歷史十分漫長，其中有許多不清楚的地方。自從紀元前一千五百九十五年西台王摩爾西里一世(Mursili I)入侵巴比倫之後，美索不達米亞的文字資料就消失了。當時的亞述帝國領土僅僅侷限於南到亞述，東到亞述中心地阿爾比爾(Arbil)，北到尼尼微(Ninive)。到了紀元前十五世紀到十六世紀左右，亞述不過是米塔尼王國(Le Royaume de Mitanni)的附庸省分而已。米塔尼王國的權力是掌握在印歐語系的伏里特人(Hurrite)手中，我們可以推知米塔尼王國在當時十分強盛，支配著敘利亞北部，東部到達薩格羅斯山脈。

前半期的亞述是衰頹時期，現今出土文物也少。到了亞述・蘇巴里特(Assur-Uballit, 1363-1328B.C.)時代，征服宗主國米塔尼國王的東半部，恢復了亞述的固有領土。歷史稱這一時期爲中亞述時期。歷來國王致力於擴張領土，此外到了紀元前一千年左右，厲行兩項重大政策，第一強制被征服民族遷移，第二對於征服地區強制徵稅。由於這兩項政策的推動，在極短時間之內亞述成爲廣大領土的首都。此外爲了保護商旅，派駐屯駐軍隊，使對外交通與商業得以順暢。往後西亞的政治版圖一度趨向穩定。北方是亞述帝國，西方則是西台王國，埃及則控制著敘利亞、巴勒斯坦海岸，南方則是佔領著巴比倫，緊緊扼住亞述人發展的卡希特人(Kassite)。

卡希特人也爲當時帶來了新的遺產。他們來自薩格羅斯山岳地帶，十六世紀襲取巴比倫的統治權。他們很快地就學習了巴比倫文化，崇拜兩河流域的衆神。書記官們精準地寫作標準的蘇美文字與阿卡德文字。爲了劃分疆界，他們設立「界碑」(Kudurru)。〈梅理希舒二世國王的大界石〉是著名的例子。這些界碑主要是國王賜予臣下、親族的證明。這種界碑大抵一式兩份，一塊豎立

美索不達米亞平原最大都市巴比倫復原

聖經上指出空中花園所在的新巴比倫王國巴比倫城遺蹟

在賜予的土地上，另一塊則納獻到神殿裡。石碑上呈現出國王領著女兒，向女神稟告賜地的情形。神在他們的文化中依然是崇高的見證者角色。

這段期間，發生兩次重大戰役。巴比倫是政治上各國的羨慕之地。這裡不僅是巴比倫守護神馬爾頓(Marduk)的奉祀地，也是宗教、文化的中心。亞述與東方的伊蘭人(Elamit)交相侵襲。紀元前一千一百五十八年，伊蘭國王蘇特魯克．那伏特(Shutruk-Nahhunte)與其二子侵略了巴比倫的眾多城市，結束了巴比倫王朝。他們將巴比倫的珍貴物品洗劫一空，著名的〈漢摩拉比法典〉也在此次被運往蘇薩。然而，到了紀元前一千一百廿年，巴比倫國王那普加德那薩爾一世(Nabuchodonosor,1124-1103B.C.)領兵反擊。

到了紀元一千年初期，亞述成爲西亞的霸主。紀元前九百年到七百年之間稱之爲新亞述時代，是亞述的鼎盛時代。

亞述那希爾帕爾二世(Assursnasirpal, 883-859B.C.)從尼尼微遷都到卡爾克。他在此地建造豪華的宮殿，不論是樣式或者是宮殿的規模都是首屈一指。這座新的首都不只是國王的行政中心，同時也是誇示亞述帝國的絕佳場合。歌頌國王爭戰功勳、狩獵的雄壯場面，巨大無比的神話巨獸，華麗的色彩、壯觀的氣派，體現出帝國的偉大榮光。

歷來亞述君主都厲行遷移居民的政策。亞述的另一位雄才大略的君主是薩岡二世(Sargon II, 721-705B.C.)。他消滅了以色列王國首都薩馬利亞，徹底擊敗東北部的鄰國烏拉多，勢力從波斯灣到

梅理希舒二世國王的大界石　高83cm，寬42cm
石灰岩　1185-1171B.C.　巴黎羅浮宮藏

達地中海。亞述巴尼巴爾(Assurbanipal, 668-631B.C.)統治時期是亞述的鼎盛時期，然而也是最後的黃金時代。國王是位博學之士，設置圖書館。然而在他去世後，數位王子爭奪王位。紀元前六百一十四年，亞述屈服於米提亞，紀元前六百一十二年尼尼微終於被米提亞與巴比倫聯軍攻陷。然而出身於南部的將領那帕波拉薩爾在巴比倫奪取政權，建立了所謂新巴比倫王國。他的繼承者那普加德那薩爾二世(Nabuchodonosor, 604-562B.C.)佔領耶路撒冷，將猶太人遷往幼發拉底河，光復了巴比倫的光輝。這位國王建造守護神馬爾頓神殿與著名的巴比倫塔。新巴比倫王國延續並不長久，那波尼德斯(Nabonide, 556-539B.C.)是最後一任的國王，他因爲信仰月神辛，而招致馬爾頓信徒的不滿，不得不避難哈蘭。

紀元前五百卅九年，波斯國王居魯士二世在兵不血刃的情形下，進入宏偉的巴比倫城，幾千年來美索不達米亞的帝國終於煙消雲散。

波斯帝國的光輝

波斯與米提亞人在紀元前兩千年出現在裡海沿岸。他們都屬於印歐語系。米提亞從紀元前九世紀開始對亞述帝國造成威脅，然而當時因爲他們還沒有國家組織，衝擊並不大。只是在紀元前六百一十二年前，米提亞竟然與巴比倫同盟，攻陷尼尼微。波斯國王居魯士二世(CyrusII,559-529B.C.)取得政權之後，取代了米提亞人的政權。居魯士二世雄才大略，統一東部伊朗、敘利亞、巴勒斯坦、北阿拉伯。紀元前五百卅九年前佔領巴比倫，建立了西亞史上前所未有的大帝國。大流士一世(DariusI,522-486B.C.)更是統治了埃及、美索不達米亞、東地中海。波斯帝國建設巨大的交通網。他們使用波斯語、伊蘭語、巴比倫語、阿拉姆語做爲通用語言。大流士一世將全國分成廿個省，各省按時向國王納稅。波斯人對於征服的各民族採取寬容的政策，廢除亞述人的強制遷移令。因此，他們的美術表現，汲取各種民族的優長，融合爲一體。國王以絕對的君主統治廣大領土，包容各種民族。譬如波斯國王的文書上這樣說：「我是大流士，偉大的國王，諸王之王，不同起源的各民族之王，廣大土地之王。」

大希臘化時代

遠在紀元前兩千年以前，希臘人即與

尼尼微王宮遺蹟

兩河流域的人民進行貿易。他們深受當地經濟、貿易、文化等諸方面的影響。當波斯征服美索不達米亞平原，以及小亞細亞時，希臘人對於波斯帝國創始人居魯士二世十分憧憬。史學家庫塞諾封的褒揚之詞更是溢於言表。而居魯士二世也曾聘請希臘工匠建造宮殿。以後馬其頓的亞歷山大統一希臘後，並非全然爲了政治與軍事的原因，而是基於宗教的理由揮兵攻擊波斯。他以驚人的軍事天才，一一擊破波斯，前往他所憧憬的「印度的」迪奧尼索斯的不死之國。

亞歷山大大帝病死後，美索不達米亞歸將領塞萊烏克斯所有。於是中東與希臘這兩種文化進行了快速融會。中東各大城市受惠於希臘城邦的自由精神。美術則以希臘樣式來表現時代精神。巴比倫城則有學者與哲學家將殘存的學問遺產翻譯成希臘文，西亞的豐富史料因此得以保存下來。

亞述首都卡爾克遺蹟

美的變貌
——美索不達米亞的藝術樣式——

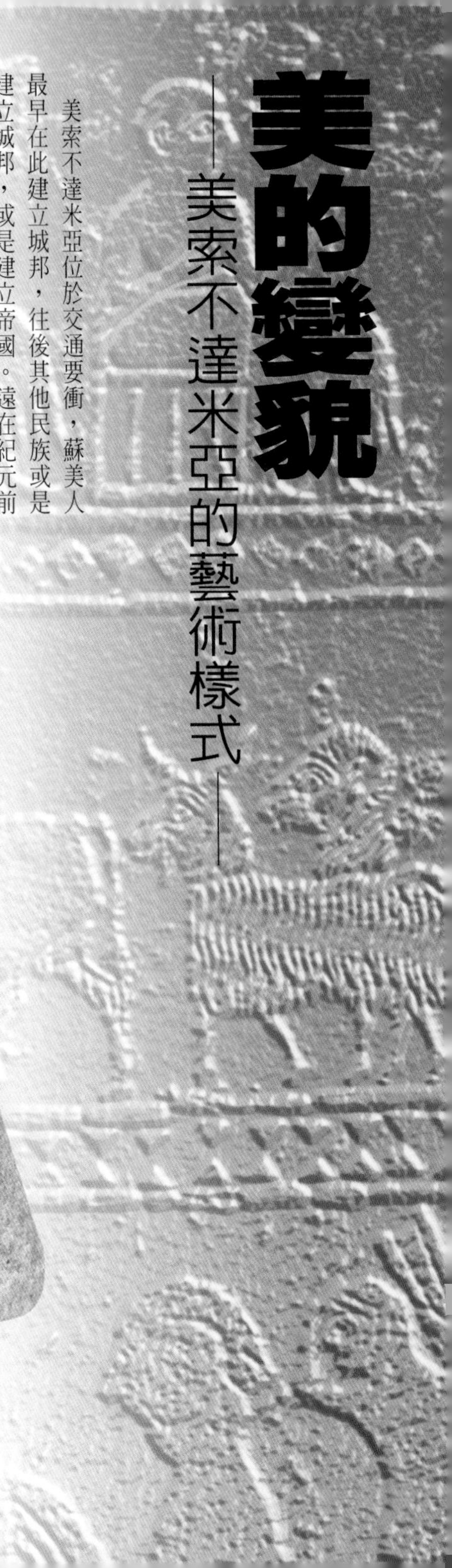

美索不達米亞位於交通要衝，蘇美人最早在此建立城邦，往後其他民族或是建立城邦，或是建立帝國。遠在紀元前三千五百年前，美索不達米亞就興起了與埃及法老王不同的文化。然而，這塊處於平原沖積地帶的古文化發源地，因爲缺乏天然屏障，容易造成外來民族的入侵，因此民族遷移異常頻繁，政權一再更替，百年或者數百年；同一民族、異族交相紛乘，對於藝術作品風格的內在精神之形成，產生絕大影響。這篇文章試圖根據各個民族的特色，依據歷史的變遷，敘述美索不達米亞平原的美術風格。

禮讚衆神的蘇美人藝術

蘇美人並非美索不達米亞平原最早的民族，根據出土文物分析，他們大抵從紀元前六千五百年到紀元前三千七百年

女性頸飾雕像
高5.1cm，寬3.9cm
1400-1200B.C.　石英
巴黎羅浮宮藏

前的奧拜德時期開始陸續移居該地。

早期留下來的陶器表現出自然的樸實樣相，轆轤發明後，一變而成流線型的優美風格。值得一提的是，他們對於神殿的建築影響到往後兩河流域的神殿風格。他們將神殿視爲城市的中心，神殿不只是宗教性機能也是行政中心。蘇美人認爲神居住在高山上，於是在層層相疊的高台正中央建立衆神居所的神殿。他們稱這種神殿爲Ziggurat。蘇美人遺留下的全身神像十分稀少，大多僅剩頭部，爲了彰顯神聖，頭部裝塡遠從各地獲得的寶石；據推測除頭部外，這些神像身體以木頭製造而成。眼睛鑲塡珠寶的這種手法也被往後的希臘神像繼承下來。現在遺留下的著名神像群是從泰爾·阿斯馬爾(Tell Asmar)的阿普(Abu)神殿中發掘出的。譬如主神〈阿普〉具有異常巨大的眼睛，象徵威嚴的鬍子，拱手而立。神情肅穆，恍惚眺望著遠方，露出超越俗世的挺拔氣魄。這尊神像的整體重點在於頭部，而頭部重點又是那好似銅鈴的雙目。僅只象徵性的兩條刀痕就使得嘴巴出現傲然之情。蘇美人對於神像雙目的重視，使「靈魂之窗」表現出神性。他們並不像埃及人以濃厚的

富饒之神阿普　雪花石膏、瀝青　眼睛為貝殼與黑大理石
2700-2500B.C.　巴格達伊拉克國立博物館藏

雄羊半身像　高8.3cm，長9.3cm
大理石　2600-2500B.C.　巴黎羅浮宮藏

眼睛輪廓線表達具象與非具象之間的神性，而是訴諸於樸素而抽象的造形。蘇美人的人物造形從這種超拔於世間的樸素風格發展，漸次走向寫實手法。譬如〈手拿湧現水的手壺之女神〉在人體比例與細部描繪上達到相當典雅的風格，柔和中依然不失超脫精神。

相對於神像，蘇美人的人像也是饒富趣味。早期蘇美人將神置於絕對的崇高地位，所謂的人像只是被放置在神殿，代替肉體性存在的人偶般的意味。因此，人像不只表現

男人小像　高38.8cm，寬14.7cm
石膏　2500B.C.　巴黎羅浮宮藏

手拿湧現水的手壺之女神　1850-1750B.C.
敘利亞阿萊波國立博物館藏

小型頭部雕像　高15.2cm，寬9.7cm
閃綠石　2000B.C.　巴黎羅浮宮藏
（傳為漢摩拉比王頭像）

薩丹像　高27cm，寬15cm
石灰岩　2400B.C.　巴黎羅浮宮藏

得比主神小，製作也十分簡略。我們從屬於阿卡德地區的馬里所發現的〈男人小像〉可以看到蘇美人的人像風格。這座雕像從蘇美人所信仰的伊希達神殿中發掘出來，可知根源於蘇美人的審美意識。人物根據當時的剃髮風俗，留有鬍子，兩手虔誠的放在胸前。眉毛與眼睛留下深痕做爲裝塡珠寶之用。嘴角透出一絲神祕喜悅。這樣透出虔誠而神祕微笑的神情成爲蘇美雕像的重要特色。

〈薩丹像〉也是典型的蘇美人的雕像風格，從這尊供養像上的蘇美銘文得知，他是城邦國王之子，製作上比較細膩；然而臉部洋溢著虔誠的微笑與壯碩身體令人印象深刻。手部的刻畫依然省略至極點，固然如此，我們可以從中預見到蘇美人即將走向寫實風格的傾向。就人像表現而言，蘇美人刻意強調肩部，值得我們注意，寬廣的胸部配合拱手姿態，使我們的視線浮升到臉部。拉卡修國王〈古迪阿王祈禱像〉可說是蘇美人雕像的最高傑作。不論造形的完整度，人像的內在精神都能充分掌握到，屬於蘇美人藝術樣式的圓熟期的作品。

在雕像之外，蘇美人的古代首都烏爾王墓的陪葬品中更可以看出蘇美人的美術風格。稱之爲〈烏爾標準〉的這兩幅由瀝青做底，上面鋪貝殼、紅石灰岩、

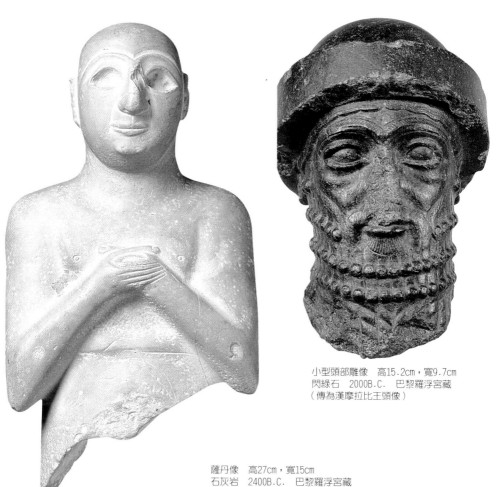

青綠石所鑲嵌成「戰爭」與「和平」的生活場景，十分值得注目。「戰爭」圖案左邊是嚴整而制式化的軍隊出征場面，右邊則是擊殺敵軍，特別是上方還帶著俘虜凱旋而歸。軍隊雄壯，敵人衣衫襤褸，迥然對比。「和平」場景也是分成上中下三段，上方是王侯享樂的和樂富足情景，下方由奴隸駝著物品，一幅忙碌應對的畫面。這些工作中的奴隸或者人物動作各異，描繪者已經能夠善加運用空間，譬如中間的牛隻後面出現人物，羊群反覆重疊，都使得畫面具有強烈的遠近空間效果。

此外，〈路加爾安達印璽〉是拉卡修城邦國王路加爾安達的印璽。上方有蘇美銘文之外，雕刻十分精美。這是「基爾加梅修敘事詩」的故事內容，左邊第二順位的是英雄人物基爾加梅修，右邊是獅子，左邊是牛頭人面獸，他們交織出時空同時呈現的夢幻的神話效果。在這細小的方寸之間，浮現流暢且前後呼應的立體

烏爾標準，戰爭情景　3000B.C.　鑲嵌畫　烏爾王陵出土　倫敦大英博物館

感。簡單的線條表達豐富的詩情，確實是成功的作品。往後兩河流域的印璽、圓筒印章的表現手法都可以從這裡看到傾向。

為王國光輝服務的阿卡德藝術

對照蘇美人的雕像，阿卡德人作品的風格傾向十分不同。這種風格並不完全存在於技術的完整度，而是表現觀念的改變。在蘇美人眼中，雕像是神的代表，具有神格，然而卻是超越性存在。相對於此，阿卡德人的雕像表現手法與王權的擴張息息相關。藝術表現成為宣揚王權的工具，藝術描寫趨向寫實。〈勝利碑〉殘片是典型代表作。後方是阿卜德的士兵，前方兩位則是俘虜。全身赤裸的俘虜身體，肌肉隆隆，描寫十分細膩，骨骼與肌肉關係異常準確。〈女性半身像〉的嘴唇固然失去微笑的神祕感，然而雍容大方，髮絲細膩有致；這種表現手法當然與〈勝利碑〉以國家工坊的水平來

製作有關，但是寫實的傾向則十分強烈的。這兩件作品與前面介紹的蘇美人作品相隔數百年，然而描寫的手法異常寫實，充分表現出細膩、健壯的寫實主義傾向的阿卡德王國樣式。

巴比倫藝術

從紀元前兩千年前到紀元前一千年末期前的一千餘年之間，北方是亞述王國統治，南方則朝代更替頻繁，然而都受到巴比倫領導，最後則一度歸亞述帝國所有。阿卡德王國在此之前統一兩河流域南北。因此，阿卡德藝術風格可說成爲促使兩河流域從古代樣式的藝術表現傾向寫實主義的關鍵。

巴比倫藝術依然沿襲寫實風格，準確度更高。〈國君坐像〉的肌肉呈現出飽和的內斂與充實感。一股生命力正閉鎖在坦露在外的一隻臂膀中。〈小型頭部雕像〉的細部描述更是值得一提。肖像人物頭戴美索不達米亞地

烏爾標準，和平情景　3000B.C.　鑲嵌畫　烏爾王陵出土　倫敦大英博物館

區的國王帽子，眉毛爲魚骨眉，嘴唇上揚，分毫無差地刻畫出蜷曲鬍子。肖像本人是一位老邁的國王，神情祥和。人物的內在性格成爲雕刻家所欲掌握的抽象性存在。這種介於寫實與表現手法之間的風格是巴比倫藝術的特色之一。〈神的頭部〉上更加能充分地覺察到這一點精神。他頭戴尖頂帽子，這種帽子原本只有神祇才能戴。作品暗示這是尊神像，或者是具備神格的國王肖像。臉部上擁有傳統的眉毛、鬍子，然而刀法卻是乾淨俐落，起落之間，掌握精準的分寸。雕刻家似乎輕鬆而自由地勾勒出崇高的神情。當然，值得一提的是〈漢摩拉比法典〉上的雕像。幾乎半立體的浮雕上，國王漢摩拉比的服飾緩緩地下垂，綿密柔和。臉部露出高貴而誠摯的氣魄，他舉起右手恭敬稟告太陽神。我們發現人間的國王並不是卑微的身軀，而是具備神聖的崇高

氣質。他正在以眼睛與至高的神祇進行一場對話。

強悍而洗練的亞述人藝術

亞述美術的早期風格深受蘇美人的影響，誠如我們所看到的〈手拿湧現水的手壺之女神〉的優雅一般，蘇美人的藝術風格，傾向於柔和的理想性描寫，亞述人的早期美術確實受到強烈左右。這種關係猶如羅馬美術承續希臘美術的深遠影響一般。然而眞正使得亞述美術獨立，產生自己的獨特風格必

神的頭部　高10.8cm，寬6.4cm
陶土　2000B.C.　巴黎羅浮宮藏

國君坐像 高89cm，寬52cm
閃綠石
3000B.C.末年-2000B.C.初年
巴黎羅浮宮藏

米提亞人朝貢使浮雕 高24cm，寬23cm　雪花石膏　710-706B.C.　巴黎羅浮宮藏

須要有一段外來文化的洗禮，那就是米坦尼人的數百年統治。經歷這段統治，我們驟然發現屬於亞述自己民族風格的作品漸漸流露出來。譬如說圓筒印章〈動物戰鬥〉這種中期亞述的作品，是亞述從米坦尼人解放開並圓熟地流露出民族風格的產物。作品中央是以有翼獅子格里封與公牛對決的場面，下方有一隻倒地的牛。左上方有七顆行星，中央有一顆星星。畫面整體的空間關係條理井然，絲毫沒有紛亂的氣氛，動物身體的描繪十分精緻，洋溢著自然主義的風格。空間與細部描寫的精緻性成爲亞述藝術的一大特色。同樣的，對於浮雕手法的更新與精準度也可以在〈米提亞人朝貢使浮雕〉上發現到。

〈米提亞人朝貢使浮雕〉的頭部描述十分動人。蜷曲的頭髮與鬍鬚，勾勒出頭部的立體感。目光炯炯有神，眼珠的彎曲弧度，增添了人物的內在性格，堅毅而雄偉的神情透過微微下曲的嘴角以及鷹勾鼻的迴旋力量，襯托出人物的生命力。

亞述帝國是一個注重戰鬥性的國家，他們在皇宮描繪著皇帝領軍打仗的雄壯場面，謳歌帝王光輝燦爛的功績，〈米提亞人朝貢使浮雕〉是亞述雕像的縮影。我們再次看看龐大的戰鬥人像群更爲之震撼。〈都市圍攻浮雕〉上面，動作的一致性使得畫面具有張力，軍隊恍惚拋物線般投向敵陣，如排山倒海而來。〈國王戰車前的隨從浮雕〉中的人物比例準確，肌肉健碩，挺胸闊步，巨大的車輪已然彰顯出國王的威武與軍容的壯大。亞述帝國將美術作品，視爲呈現國王功績的工具，因此寫實主義的表現達到精準的地步。

勝利碑殘片　高46.2cm，寬35cm　閃綠石
2340-2279B.C.　巴黎羅浮宮藏

女性半身像
高22cm　石灰岩
2300-2250B.C.
巴黎羅浮宮藏

綜合樣式的波斯藝術

紀元前五百卅九年的波斯居魯士，征服巴比倫，正式統一美索不達米亞平原。因爲居魯士是阿克美尼亞家族，此段時期的美術一般稱之爲阿克美尼亞美術。波斯人的藝術風格十分豐富，他們對於其他們民族的文化採取兼容並蓄的態度，美術上表現出高度的雜揉主義。然而，相當值得注意的是他們的藝術作品，依然具備了屬

都市圍攻浮雕　高22.5cm，寬21cm
雪花石膏 700B.C.　巴黎羅浮宮藏
亞述尼尼微出土

國王戰車前的隨從浮雕
高55cm，寬46.5cm
雪花石膏　645-640B.C.
巴黎羅浮宮藏
亞述尼尼微宮殿出土

英雄與野獸戰鬥圖案之圓筒印章　高2.5cm，直徑1.6cm　玉　2340-2279B.C.　巴黎羅浮宮藏

臥獅　高29cm，寬41cm　銅
717-706B.C.　巴黎羅浮宮藏

於兩河流域所沒有的獨特性，那就是燦爛多采，細膩而具雄偉的氣魄。

大流士在紀元前三百一十九年前建造的波斯城(Persepolis)體現出君臨伊朗高原，統治兩河流域、中亞細亞、埃及的帝國雄風。卅六根列柱來自埃及的影響，柱頭是希臘的愛奧尼亞風格，高台建築則是融合蘇美、亞述的神殿建築。當然波斯藝術的特色之一是那種燦爛奪目的上釉彩繪浮雕。〈波斯弓箭手〉在風格上承襲亞述遺風，然而細部刻畫上則華麗多采。人物的量感十足，光鮮亮麗的黃色與背景的綠色可以想見當年的輝煌。服飾上的圖案是波斯承襲自亞述的花瓣紋樣，然而波斯的紋樣往後變化更爲強烈，成爲他們民族的特有風格。

波斯美術作品從大流士一世開始，幾乎達到高度的完整度。重要的是，波斯人對於審美的重點並非放在藝術表現的

出自弓箭手橫列圖的波斯弓箭手
高197cm，寬80cm　彩繪磚瓦　522-486B.C.　巴黎羅浮宮藏

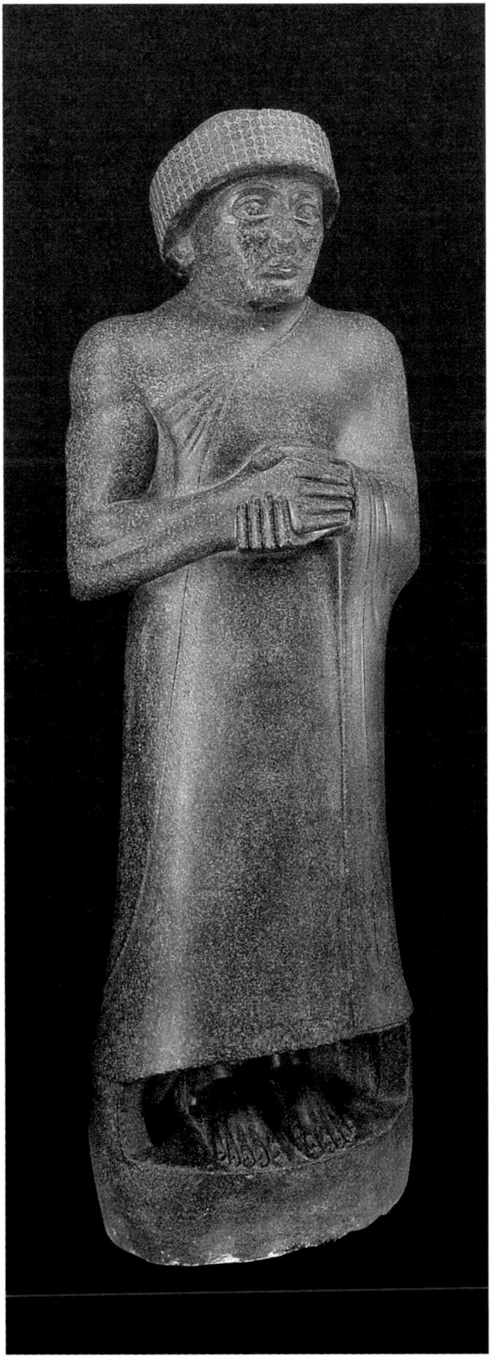

古迪阿王雕像　高107cm，寬36.5cm
閃綠石　2125-2110B.C.　巴黎羅浮宮藏

有路加爾安達印璽印痕之球　高6.3cm，寬7cm
黏土　2400B.C.　巴黎羅浮宮藏

花瓣與飾釘裝飾之大盤　高7cm，直徑30.5cm
銀　600-400B.C.　巴黎羅浮宮藏

嗅花香之女神　高13.1cm，寬4.4cm　石膏
2000B.C.　巴黎羅浮宮藏

以羱羊前半身為底部之角形飲器
高23cm，直徑10cm　銅　600-400B.C.
巴黎羅浮宮藏

人首公牛　高12.1cm，寬14.9cm　凍石　2150-2100B.C.　巴黎羅浮宮藏

衣服有縐褶之婦女　高28.3cm，長14.8cm
大理石　300-200B.C.　巴黎羅浮宮藏　蘇薩出土

內在性精神，而是在於紋樣與裝飾趣味上面。他們在裝飾上展現自己民族的獨特才華。〈以羱羊前半身爲底部之角形飲器〉這類的「呂束」（Rhyton）是波斯人的重要飲器之一。顯然地，這種杯子造形出自於動物的角部變形，可說是波斯這一遊牧民族的民族記憶之一。羱羊被波斯人視爲忠實的動物。牠曲身跪地，胸部有一小孔做爲飲料注出之處。羱羊雙角分段變化彎曲，作者透過紋飾表現山羊形象，而不是藉由凹凸、量感；線條是表現羱羊形象的主要作用，裝飾性的味道十分濃烈。這種藉由裝飾線條達到形體華麗的手法既是波斯美術的一大特色，也是波斯美術長期間無法有效進步的原因。我們再次看看〈波斯弓箭手〉

浮雕，華麗精緻然而卻似乎缺乏亞述浮雕人物的那種內在生命力。

歷史主義的大希臘化時代

亞歷山大大帝統一兩河流域之後，並沒有帶來長期統一。然而這一征伐，卻將希臘藝術有系統地帶到兩河流域。希臘藝術在亞歷山大之前已經經歷了古典時期的洗禮，經由崇高樣式走向優美樣式，亦即藝術形成的最高階段。大希臘化時代的兩河流域確實充分掌握了這種美術樣式。需要進一步說明的是，希臘美術的優美樣式表現在人體上最爲明顯。譬如說〈衣服有縐褶之婦女〉的身體展現出兩河流域前所未有的勻稱與動感。希臘藝術精神是一種人體美，從此之後，兩河流域的藝術表現手法在數百年之間，難以脫卻這股影響。

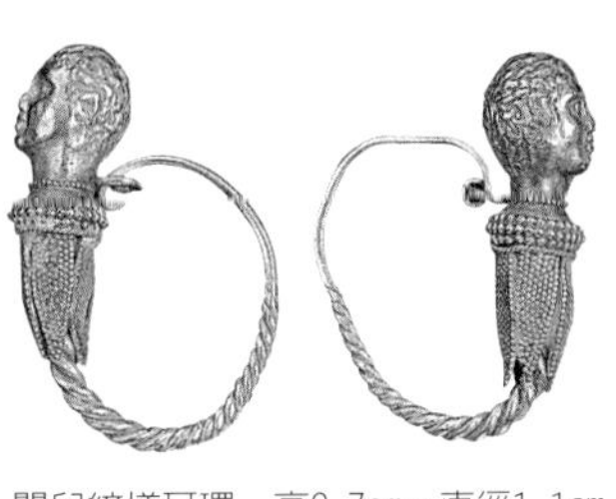

嬰兒紋樣耳環　高2.7cm，直徑1.1cm
金　100B.C.–100A.D.　巴黎羅浮宮藏

帶面紗的婦女坐像　方解石
高21.5cm，長5.6cm
巴比倫，希拉出土　100B.C.–100A.D.

彼岸世界

——美索不達米亞的宗教與藝術——

美索不達米亞平原是一個多民族、多文化混合的民族競爭地區。各種民族信仰間的差異很難清楚劃分，然而我們還是可以大體根據民族進入該地區的先後，就相互交融與襲用的觀點，一窺複雜的民族信仰。只是本文的重點在勾勒美索不達米亞整體的信仰大概，而非細部內容的冗長說明與解析。古代人的宗教情操往往與藝術創作有密不可分的關係，在這裡我們試著透過美索不達米亞人的信仰，簡略說明他們的藝術與宗教的關係。在這裡主要集中於所謂終極關懷的生死觀念如何對藝術表現發生影響。就信仰的內在情操與藝術創造的關係，則留待「抽象感情與宗教慰藉」一文中討論。

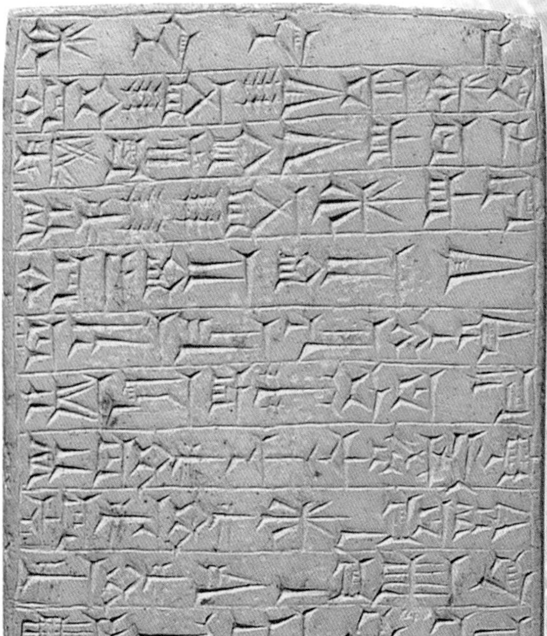

阿爾薩的庫都爾・馬布克與林姆・辛納獻的礎石
高12.3cm，寬7.3cm　石灰岩
1822–1763B.C.　巴黎羅浮宮藏

無所不在的衆神

原始美索不達米亞人的信仰不容易理

解，從紀元前三千五百年前的奧拜德時期開始最早進入美索不達米亞的蘇美人的信仰比較有清楚的輪廓。他們認爲神的力量等同於變幻莫測的自然力量。他們與各地原始人的信仰類似，屬於泛神論。在蘇美人眼中看來，每種神都有其專司的領域。神殿的土地是神所擁有，也就是聖域，人類是神的奴僕。神官是神的執事，是家臣。山川、草原有神。天上星辰也有諸神，引發自然活力的也都是神力所致。除此之外，犁有神，棍子有神，打火石有神，連磚瓦也有神，自己也有守護神。每座城市有每座城市的守護神。

眾神具有難以預測的個性，然而卻又相應於我們自身的心理現狀。蘇美人的眾神與希臘眾神一樣，具有深刻洞悉力與超人能力，確保正義與人間秩序；然而眾神也如同凡人一般苦於激情、嫉妒、厭惡與慾望。正如同人間的男歡女愛、飲食男女一般。他們眼中的眾神彷如自身面對複雜多變的自然與詭譎不定的社會一般，所不同的就是祂們統馭著人間界，如同國王做爲世間的統馭者一般。

蘇美人的眾神何以如此性格呢？可以想見的是，出自於抗衡邪惡力量，消弭

石製容器　高8cm，直徑9.7cm　雪花石膏 3500B.C.-3100B.C.
巴黎羅浮宮藏

描繪神前澆祭場景石碑之頂部　高84.3cm，寬61.5cm
石灰岩　3000B.C.末期　巴黎羅浮宮藏

古迪阿銘文礎石人像　高27cm，寬7.5cm
銅　2125B.C.-2110B.C.
巴黎羅浮宮藏

礎石小像：雄牛　銅　高22.5cm，
寬12.2cm　2125-2110B.C.

古迪阿的灌奠杯
高23cm，直徑11cm
凍石　2125B.C.-2110B.C.
巴黎羅浮宮藏

心中所產生的對大自然、社會的恐懼之情，於是衆神與邪惡力量的抗衡促使著人們對於惡靈訴諸以撻伐，訴諸各種發自內心的優美詩篇，流露出內在無盡苦悶的哀歌，以求恢復宇宙的正義與秩序。我們讀一讀〈阿爾薩的庫都爾．馬布克與林姆．辛納獻的礎石〉銘文就能充分感受到人神之間的渴望與虔誠之情。「爲了充滿魅力且恩惠無盡的女王，偉大的安(An)之女，他們的主人，亦即庫都爾．馬布克(Kudur-Mabuk)，埃穆特．巴爾(Emut-Bal)之父，西姆特．辛哈克(Simti-Shihak)之子，以及尊敬尼普爾(Nippur)、提供烏爾(Ur)所需之王，蘇美人與阿卡德之王，亦即林姆．辛(Rim-Sin)，祈求他們的生存，建造女王最佳住所埃．夏．夫拉(E-Sha-Hula)，豎立三角楣的居所。因此，人們使自己如同高山一般豎立來。守護衆女神的女王娜娜雅(Nanaya)請求寬悅。希望守護女王，對此加以回報，懇求安與伊楠娜(Inanna)給予他們幸福的王政與深情的統治。」(E.Sollberger, J.R.Kupper法文翻譯)因爲對於神的讚嘆，神殿的建築成爲美索不達米亞平原的宗教與政治中心。

以神道設教——政治對宗教的利用

古代蘇美人認爲忠心是大洪水後從地上獲得的。所謂忠心是指從天空掉下的裝飾用的鬍子、手杖、寶座等象徵。王冠象徵著高貴權力，寶座是生命，笏則表示爲政者的德性。這些象徵在紀念碑、歌頌王權詩歌中屢見不鮮。在國王的即位之時，這些象徵物被莊嚴地獻給國王。

雖然國王即位，但是並不保證他的兒子將來也能繼承大統。因爲這必須獲得神的無條件祝福。蘇美人的國王擔任著與神溝通的神聖工作，當然他們並不是神官，而是參加宗教儀式，祈求國內安

烏爾神殿遺蹟　3000B.C.

烏爾神殿中央階梯　3000B.C.
巨大神殿階梯使人聯想起高山影像

寧；爲了印證神的慈悲，以豪華的石壺祭祀。〈古迪阿的灌奠杯〉雕飾著複雜而精美的紋樣。在當時，往往在石碑或者圓筒印章上出現著「仲介場面」。透過自己的守護神，將自己介紹給更高的神祇，如此可以獲得上天的恩寵。圖案上顯示出，國王古迪阿透過自己的守護神林基修古達，將自己介紹給拉卡修的守

那拉姆・辛戰勝碑　砂岩　2250B.C.

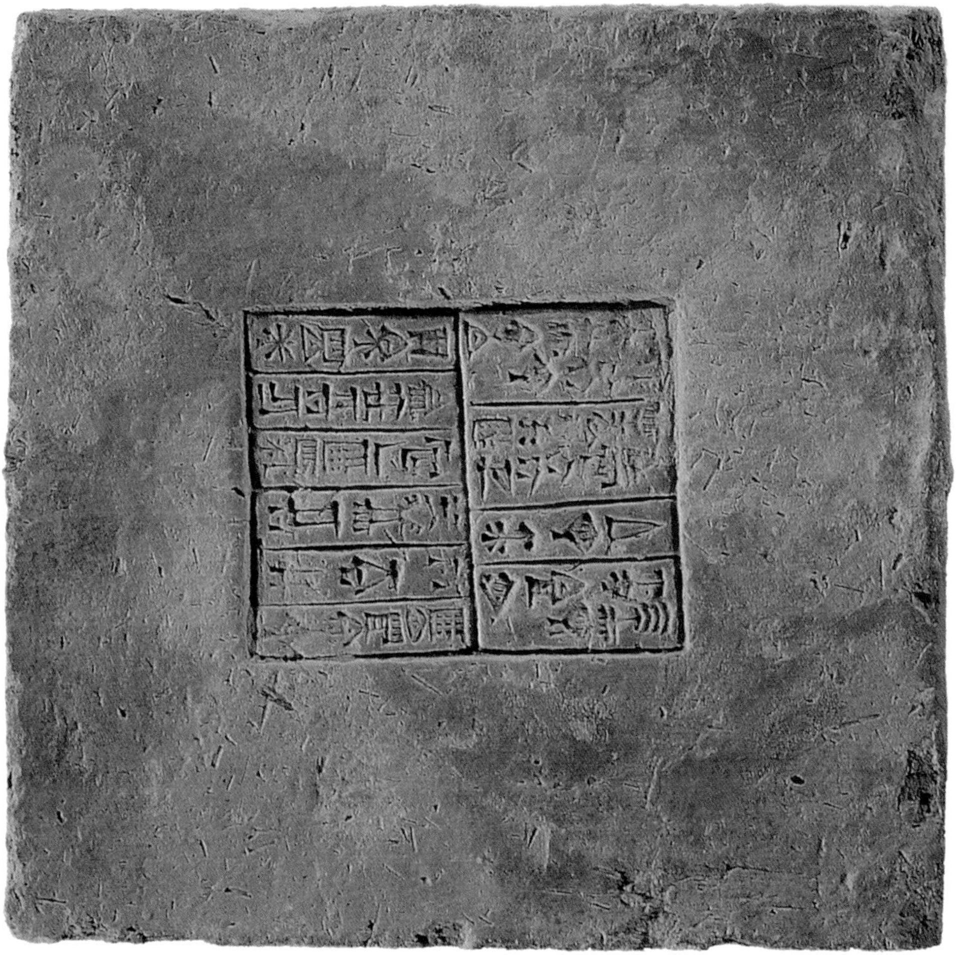

以古迪阿之名的磚塊　高32cm，寬32cm　陶土　2125-2110B.C.　巴黎羅浮宮藏
為神殿覆蓋第一片瓦是國王的責任

護神林基爾斯。除了這種宗教與社會行爲的仲介場面之外，爲了獲得神的恩寵，國王必須在建造神殿之開始，覆蓋上第一片瓦片，向聖像奉獻祭品。

然而美索不達米亞北方的阿卡德時代，特別是薩岡王的子孫那拉姆・辛(ca.2254-2218B.C.)時代，國王與神之間的關係有了重大改變。國王不再只是接受神的恩寵，國王同時如同神一樣具有超越性能力。這是因爲隨著專制極權的權力集中，國王被視同神一般被加以奉祀。根據文獻記載，那拉姆・辛被視爲故鄉的眞神。譬如說戰勝紀念碑上描繪著他戴上表示神性的角，統領兵士在戰場上的形象，這表示那拉姆・辛甚而與統治美索不達米亞平原的衆神地位同樣崇高。此外値得注意的是〈古迪阿銘文礎石人像〉。這種礎石釘子用於建造神殿時做爲鎭壓惡魔。上面刻有古迪阿以及拉卡修守護神林基爾斯的名字。這尊人像據判斷爲搬運器物的國王古迪阿本人。顯然地，古迪阿本人具有可以鎭壓邪魔的神格意涵。

〈描繪神前澆祭場景石碑之頂部〉

女神拉馬圖案護身符 高2.6cm與2.4cm，寬1cm與0.8cm 金
2000B.C.初期 巴黎羅浮宮藏

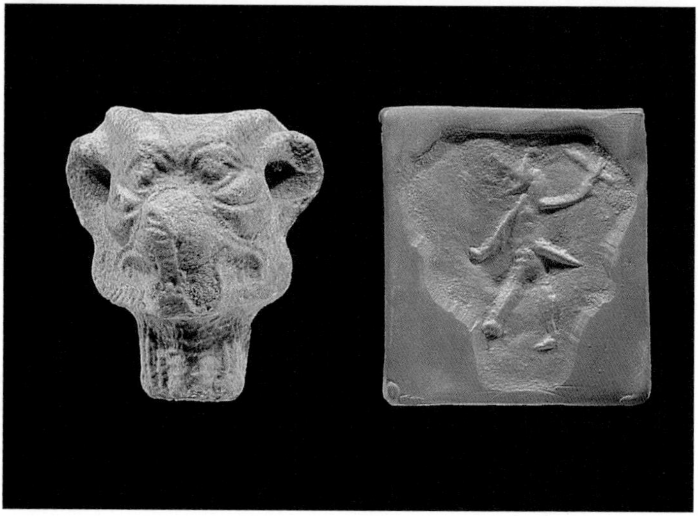

巴茲茲神頭部印章
長4.2cm，寬3.8cm
釉藥石英
800B.C.-700B.C.
巴黎羅浮宮藏

這塊石碑充分表現出與〈漢摩拉比法典〉同樣的手法。這位不知名的國王正在神的面前舉行神聖的灌水儀式。他恭敬地站在神的前方，將水灌入棗椰樹中，棗椰代表著富饒。神壇前方則是戴著數層高帽的太陽神夏馬修。祂手上拿著象徵正義的手杖與圓環。上方有綻放著光芒的太陽。灌奠儀式是紀元前三千年以前的常見儀式，目的在祈求土地肥沃與國家繁榮，必須由國王親自主持。石碑整體呈現出穩重與靜態美感，頗能表現出宗教上的虔誠之情。然而神與國王的比例相差不大，由此可以窺見王權與神權的緊密與相待的關係。

其實這種想法到了往後烏爾第三王朝時，更爲普及，修爾基王被尊崇爲神。根據傳統，當時之人是以神的名字做爲自己的名字，於是修爾基王也如同月神名字一般被一般人做爲取名之所需。人們如同爲神發願建造神殿一般，爲這位國王建立了奉祀殿堂。人們爲健康與生意興隆，以神的名字爲自己名字，對衆神十分敬重。

人民的宗教行為

每座蘇美人都市都建有神殿。大規模的神殿都設有組織龐大的神官、書記官、占星術師、工匠，由這些人組成官

記載天文學的楔形文字　黏土板

占星曆　黏土　3000B.C.　烏魯克出土

黏土製動物肝臟模型　黏土　1900B.C.
為預言所需而製作的黏土模型，上刻有肝臟特徵與預言

僚組織。他們選拔神官執行奉獻、沐浴、更衣、祝禱等日常的宗教行爲。一般市井小民，祭祀神像，奉獻做爲自己替身的小像，參加祭典；慶典時，觀賞根據神話改編而成的戲劇。人們透過種種魔法、咒術來治療疾病。治病求取咒語，求子也是如此。他們甚而已經將咒

語規格化，將塡寫祈求者姓名的部分空下來以便塡入。民間甚而也普遍保存著神與精靈的黏土小像。這些小神像必須經過專門的咒術師賦予「精氣」後，放置家中或者埋入床下以保平安。紀元前兩千多年，已經不再流行小型石雕神像，代之而起的是以金子鏤刻成的神像。人們將這種神像戴在身上，以保平安。譬如〈女神拉馬圖案護身符〉。這對做爲護身符的女神，並不是高級女神，而是下級女神，往往掛在帽緣或衣襟。從製作上我們可以看到雖僅兩公分高，然而形態優美而精緻，顏面盡具，神情喜悅，雙手祈禱，絕非一般信徒所有。

對蘇美人以及巴比倫人而言，國家最重要的技術是什麼？那就是「占卜」。我們看看同樣是紀元前兩、三千年前的殷商時代，占卜也是國家大事，出兵必占，祭祀必占。即使西洋，我們可以發現巴黎最負盛名的索爾本大學，到了法國大革命後，才將占星術從大學講授的科目中剔除。因爲到法國大革命爲止，人們依然認爲占星術是一項科學行爲。遙想遠古的美索不達米亞平原，對於杳不可知的大自然、人事，求助於占卜也是無可厚非。

伊希達女神　雪花石膏　3000B.C.　敘利亞大馬士革國立博物館藏

他們爲了獲得神的旨意，根據種種徵兆，判斷神所要傳達的訊息。譬如動物生贄的內臟形狀、落到水中油跡形狀、香煙升起形狀、鳥類飛翔形狀、解夢等等。到了紀元前兩千年前左右，他們則發明了動物肝臟的模型。這種模型是研究動物肝臟的預言師的工具。透過預言師，人們知道神的旨意，於是進行種種儀式，以符合神的指示。美索不達米亞預言師的地位十分崇高，極受尊重，遇到國家大事，預言師也列席參與，部隊中也是如此。

預言師對於徵兆、前

兆以及歷史性重大事件進行解釋，並且將這些結果定期的編撰成書。這些預言結果成爲龐大書籍。預言在當時變成十分專門的行業，他們對王宮附近的動物進行觀察，對畸形動物或者嬰兒加以解釋。進一步，到了紀元前兩千年到一千年前間，天氣與天文也成爲預言對象，行之一久，占星就成爲美索不達米亞平原的科學。日蝕、月蝕、風雨雷電等都與王室的興盛、國王的安康密切結合，重要的地方都建有一流的占星學校。

衆神的真面目

古代美索不達米亞平原是神、人共治的地區。最高神祇有三位，那就是天神安(An)、風與大氣之神安利爾(Enlil)、水神恩基(Enki)。

安在楔形文字中是星星符號，具有所有神聖意含，表示「明亮、光明、神聖」。然而在信仰儀式、祈禱中卻並非舉足輕重。蘇美人的算數是六十進位法，安是最高的六十價值。

風與大氣之神安利爾統治大地，屬於五十價值。祂是大風暴的統馭者，地球的統治者，使地球充滿生氣的支配者。根據美索不達米亞神話，衆神對是否消滅人類與其罪惡進行討論時，最終的決定是由安利爾神所主導。祭祀祂的神殿在尼普爾。安利爾是均衡之神、不斷變化之神、世界再生之神。巴比倫神話中，安利爾與馬爾頓的地位相當，只是馬爾頓是充分了解人們需求的神，而安利爾僅只是宇宙規範的不動性。

恩基是統治著宇宙全體的淡水深處、冥界。祭祀祂的神殿在埃利多的阿普茲神殿，又稱爲「深淵之家」。恩基是所有神其中最神慈、正義、理性、創造的神。當大地產生大洪水時，恩基建議人們建造避難的方舟。祂擁有四十價值。

美索不達米亞平原的第二順位的偉大衆神也有三位，分別是楠娜(Nanna)、烏多(Utu)、伊楠娜(Inanna)。月神名爲茲恩、楠娜，閃語則稱爲辛(Sin)。祂是月神，意味著知識。因爲古代蘇美人認爲天文知識來自月亮，這點與埃及的特特神是知識之神相同。楠娜在美索不達米亞平原是以新月做爲象徵。楠娜可以驅走黑暗，知曉命運。

疑為富饒女神之雕像　2000B.C.

楠娜的父親是太陽神烏多，閃語稱之爲夏馬修(Samash)。烏多同樣也是趕走黑暗，消滅黑暗與陰影之神；祂並且是心靈的休憩所在，因此是正義之神。祂的象徵符號是放光的圓盤。

金星是伊楠娜，閃語稱爲伊希達(Ishtar)。祂是拂曉之星，相當於羅馬的維納斯。伊楠娜是美神、愛神、富饒之神、生產之神，同時也是戰神，既富有殘忍性格，也擁有果敢精神。做爲男性神，祂以男性姿態出現，做爲愛神則是婀娜動人的體態。到了大希臘化時代，馬其頓王朝的守護神阿波羅與阿爾特米斯相當簡單地取代了埃姆人的衆神了。

以阿佛洛黛娣出現的女神伊希達　高24.8cm
雪花石膏、紅玉、金　100B.C.-100A.D.　巴黎羅浮宮藏

無盡的永夜

美索不達米亞平原的人們對死亡可說充滿恐懼與不安。生前的善行、對神的虔誠信仰，換來的只有長壽。肉體存在的每個人都將死亡。實際上，美索不達米亞平原對人與衆神的最大區別就是永生與否而已。『伊希達之旅』上面說：「衆神造人時，將死亡給予人類，生命則緊抓不放。」在衆多文獻中，死後世界是黑暗而冰冷的世界，是「有去無回之家」，人們在那裡只能食用塵土。爲了讓死者過著幸福日子就有殉葬制度的產生。在烏爾國王墳墓中，除了兩輪車子之外，也有衆多日常用品以及數十位奴隸的殉葬者。根據文獻記載，一般平民如果要購得放置金子的杯子與笏必須花費不少金錢。根據巴比倫的哀歌可以窺見人們對於死亡的無奈與恐懼：

「誰知道天上的神意呢？誰又知曉神的來世計畫呢？昨日方生，今日已死。某一瞬間，尚且想要謳歌滿腔熱忱，下一時刻卻被薄薄木板壓得苦不堪言。我對這些事驚訝不已。我對此意義難以了解。」對死亡的迷惑一直困擾著美索不達米亞人，往後希臘人也承襲這種對於生命感到無奈的生死觀。

美索不達米亞的藝術表現也就緊緊與他們對宗教的理解密切相關。他們爲了祈求上蒼保佑建造雄偉神殿，製作龐大神像群，爲自己的幸福製作替身供奉在神的前面，製作精美的器物做爲殉葬品。早期兩河流域的藝術作品成爲表徵他們宗教精神的最佳祭品。

編織在方寸裡的夢幻神話

——美索不達米亞的圓筒印章——

美索不達米亞的圓筒印章製作精美，風格多樣，材質精美，既富有實用性，也兼具宗教上的護身符功能，下從庶民上至國王蔚爲風氣，隨身佩帶。他們對印章使用的普及性恍惚印章對我們的必要性一般。中國的印章頂多簡單的四獸，或者配合生肖造形；不同於我們的是，兩河流域的印章與神話故事結合起來，既有文字，又富有圖案，變化多端，方寸之間，飄蕩著高古芳香。從這方寸之間給我們許多啓示。美索不達米亞的藝術，除了巨碑、神像、納獻俑像之外，印章所涵蓋的領域十分廣闊，可以自成一種藝術領域，值得我們來探討。

圓筒印章小史

據研究指出，圓筒印章的誕生出自於放置計算珠的空心小球。人們爲記憶所

牛鼻紐印章　高3.2cm，寬4.4cm　雪花石膏　3500-3100B.C.
巴黎羅浮宮藏

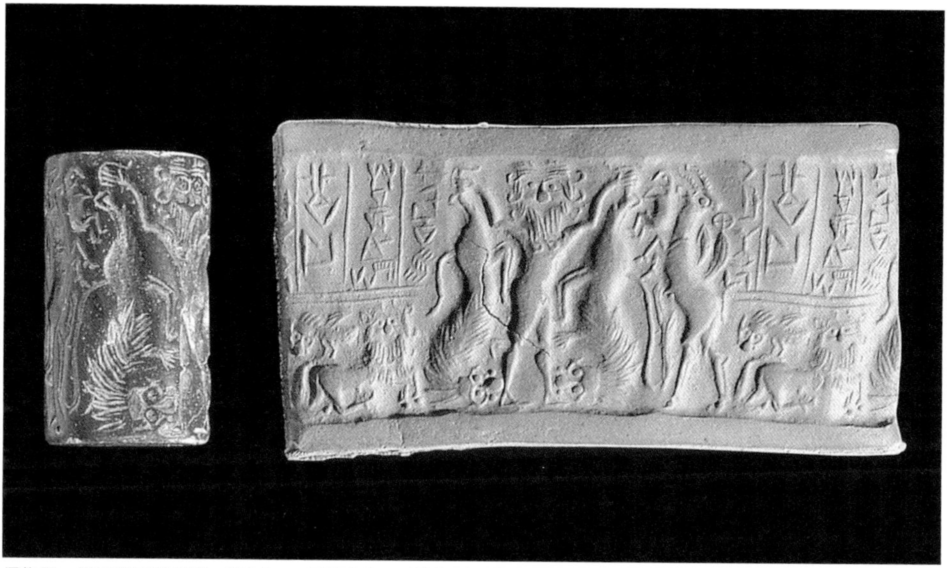

伊修馬・伊爾姆圓筒印章　高3.7cm，直徑0.8cm　稀有玉　2500-2450B.C.　巴黎羅浮宮藏

蜘蛛圖案圓筒印章　高1.8cm，直徑2cm　頁岩　3100-2900B.C.　巴黎羅浮宮藏

需，在小小的空心陶土上描繪，漸漸地成爲一種信物。起初，圓筒印章是神殿的官印，形狀比較大，製作也精美。當時主要用做爲神殿裡財物的管理所需。人們在儲存穀物、酒、油、香料時，以封泥形式來使用印章。譬如說，他們以布、皮革包裹器物的口部，用繩線纏繞，在繩線上面黏上潮濕泥土之後，按捺上印章。蘇美人早期的印章，還沒有將神話故事融入其中，抽象性的幾何圖案屢屢可見。以後，爲了攜帶方便，大型的印章變成圓筒形式，中間穿有繩子，圖案也從幾何轉向衆神、人類、動植物、狩獵、戰鬥等等富有戲劇性的題材。圓筒印章的材料主要是大理石，

當然珍貴的石材也常常被使用。

印章在美索不達米亞平原並不是因為審美的功能而流行起來，而是因為社會的機能。人們為了保護自己的所有權，證明自己的身分，履行契約上的權利與義務，印章的實用機能遂能廣為人們所愛用。據出土文物得知，印章比楔形文字出現得還要早，大約紀元前三千三百年前就已經有印章出現了。

美索不達米亞平原是民族遷移的走廊，各民族的生意往來愈來愈密切，於是做為信憑物，圓筒印章的使用愈來愈普及。根據史學家西羅多德說，當時巴比倫的人，從奴隸到女人，頸部都懸掛著圓筒印章，絲毫不離手。圓筒印章的使用機會十分頻繁，在印章上面刻上所有者、父親、守護神的名字。當雙方訂立契約時，甲乙兩方就在寫好契約的黏土板上，分別蓋上自己的印章，一俟黏土乾後，分別持有一份，完成契約手續。

神話場面的圓筒印章　高2.2cm，直徑1.3cm　赤鐵礦　1800-1700B.C.　巴黎羅浮宮藏

當然，印章上面這些圖案除了表示自己身分之外，還有護身符的作用。巴比倫滅亡之後，亞敘繼續使用，亞敘被波斯滅亡後，波斯人依然以自己的傳統圖案鏤刻流行，亞歷山大大帝統一西亞後，綿延三千餘年的印章文化才終告消失。

從幾何到圓熟的寫實

最早出土的印章並不是圓筒形式，僅只相當於我們所使用的印章。鼻紐部分往往是象徵衆神隨從的動物，譬如〈牛鼻紐印章〉應當還沒有使用於商業上，僅只做為器物封泥以及護身符用途。紀元前三千年前開始，因為經濟繁榮，印章的樣式變成圓筒印章的形式。往後沿襲將近三千年，在圖案上變化多端，成為收藏家的懷寶。譬如〈蜘蛛圖案圓筒印章〉將幾何紋樣與具象造形的蜘蛛巧妙地結合起來。蜘蛛是傑姆德．那斯爾時期常常出現的昆蟲，根據往後蘇美人的文獻，張開網的蜘蛛表示專司紡織工人活動的女神烏特。

圓形印章融入文字後，在空間

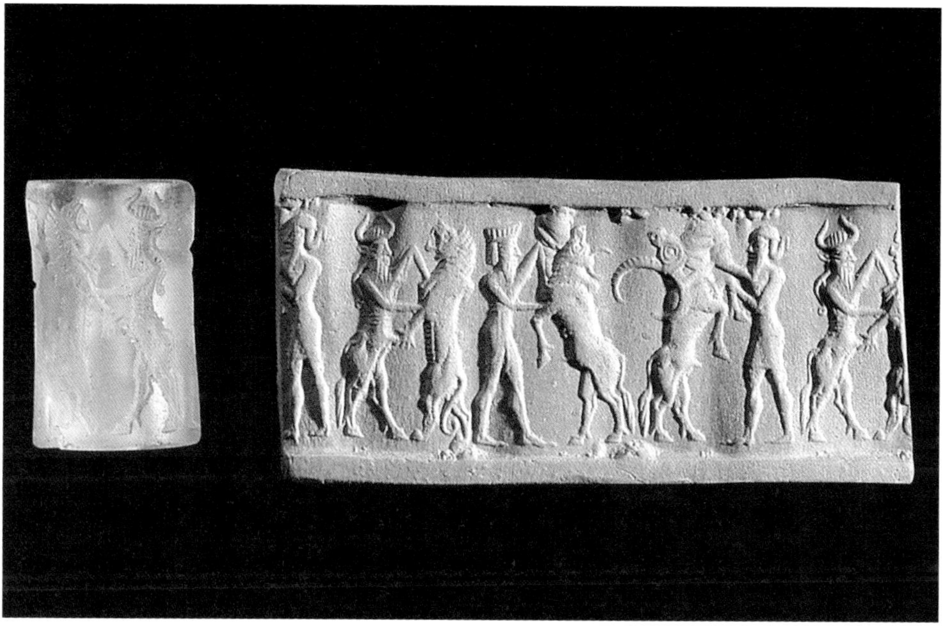

英雄動物戰鬥場面　高2.5cm，直徑1.6cm　水晶　2340-2279B.C.　巴黎羅浮宮藏

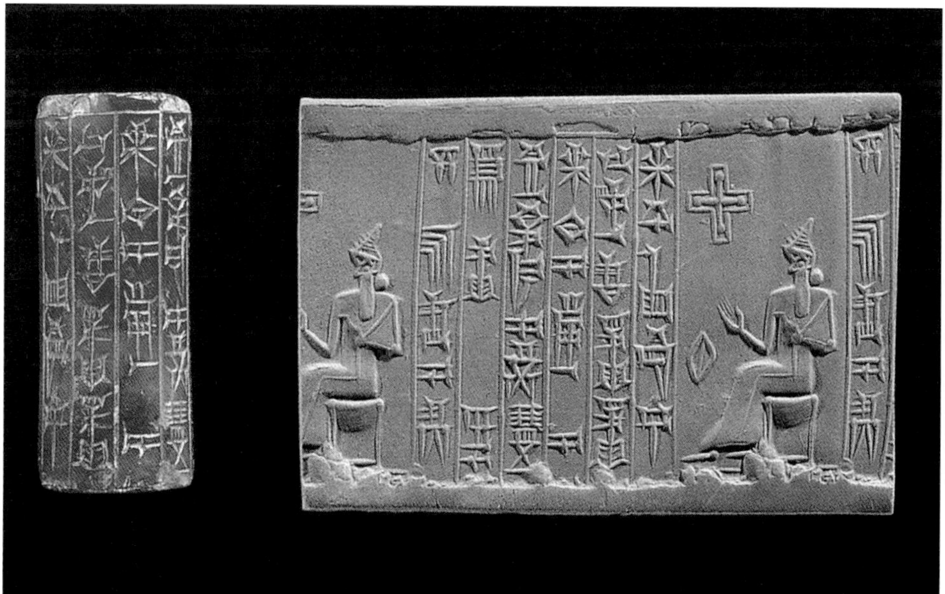

安座的神祇　高3.5cm，直徑1.4cm　薔薇色碧玉　1500-1400B.C.　巴黎羅浮宮藏

的變化上更爲活潑。〈伊修馬・伊爾姆圓筒印章〉的石材是某種稀有玉。中央爲蓄有鬍子的英雄打敗兩頭獅子，右邊是站立的山羊，左右兩邊的文字下面各有數頭獅子。整個畫面都被主題塡滿，淺雕固然希望突顯主題，然而主次對比並不明確。蘇美人常常喜歡使用這類英雄打擊動物的題材。

阿卡德時代的圓筒印章中的白眉要屬〈英雄動物戰鬥圓筒印章〉。這枚印章的材料是堅硬的水晶。同樣是英雄馴服動物的場景，然而阿卡德人表現得比較富有戲劇感。他們並不像上述的蘇美人印章一般，空間全被塡滿，而是具備前後與動態的對比效果，將無謂的空間剔除。左邊是人首牛身的神話人物與獅子對抗的傳統主題，値得注意的是中間與右邊則是穿著阿卡德服飾的英雄與水牛打鬥的情形。水牛並非是兩河流域的特產，而是當時由印度引進的異國珍貴動物。爲了表現水牛的巨大雙角，雕刻者採用由上往下的俯視法，這種透

生命樹的崇拜　高3cm，直徑1.3cm　瑪瑙　800-700B.C.　巴黎羅浮宮藏

視方式深受印度影響。在薩岡時代，水牛常常成爲圖案中的一環。這塊小小的印章中，對水牛進行十分細膩的描寫，肌肉健壯，不亞於希臘錢幣的浮雕。特別是構圖的掌握上，遠近有致，已經形成阿卡德時代美術的重要風格，往後的圓筒印章在空間表現上都能較爲理性。

到了巴比倫王朝時，圓筒印章的製作樣式有了極大變化。這種變化主要來自於材料的採用。在此之前，材料不定，以後往往以赤鐵礦來雕製。這種藍黑色石頭，十分堅硬，因此可以精密雕製。巴比倫時代，國王已經具備了神格，於是圓筒印章上常常表現的題材除了「拿著狼牙棒的國王」（roi à la masse d'arme）之外，也時時出現神話題材。譬如〈神話場面的圓筒印章〉的雕工精美異常。中央爲水神埃亞，下方爲祂的隨從羊頭魚。左右兩方爲裸體的男性英雄，他們拿著水壺，從壺中湧現出生命之水。最右邊爲太陽神夏馬修，祂的前方則是向其禮拜的國王。空間除了延續阿卡德時代的留白效果之

外，特別強調立體感。

亞敘的圓筒印章寫實主義傾向十分濃厚。相對於此，南方的卡希特人的印章回歸到蘇美人傳統。以楔形文字與圖案並列的方式出現，往往表現得平板。譬如〈安座的神祇〉上面的重心是歌頌偉大太陽神夏馬修的楔形文字，太陽神幾乎是抽象的存在。我們可以將這一時期視爲回歸古代的復古時期。線條樸拙，表現簡單。

新亞述時代的表現依然沿襲著寫實主義的風格，只是題材上，往往以生命樹爲重點。譬如〈生命樹的崇拜〉的手法除了所謂生命樹的表現是圖案化之外，其餘的人物裝束依然清晰可見。頭戴尖帽的祭司身穿魚形祭服進行著宗教儀式，他的前方是禮拜生命樹的國王。我們並不知道這種儀式的意義，然而可以斷言是一種保護與淨化的儀式。

精美的裝飾風格

到了波斯時代，整個圓筒印章的發展走到了極致，綜合了南方的樸素表現與北方的寫實主義，空間表現往往傾向圖案化。表現狩獵與國王功績的題材比較多。譬如說〈降服兩匹怪獸的國王〉上，國王以近乎平行的雙手

降服兩匹怪獸的國王　高2.9cm，直徑1.3cm　褐色石　600-400B.C.　巴黎羅浮宮藏

同時打擊兩匹怪獸；同樣地，這兩匹怪獸的雙足也以同樣動作撲向國王。在他們的右邊則是世界正義的守護者阿夫拉．馬斯達，以騰空的有翼太陽做爲象徵。這樣的題材我們也可以在基爾加梅修的神話圖案中發現到，顯然地這是波斯人借用蘇美人神話傳說的痕跡。向來在蘇美人或者亞述人的圓筒印章的表現中，並沒有國王與怪獸搏鬥的場面，僅只是英雄與野獸搏鬥而已，波斯人似乎對於彰顯國王武勇的畫面更加重視，國王變成了格鬥的主角，絲毫不再以隱喻的手法歌頌國王，而是訴諸直接的國王形象。

波斯人的圓筒印章在細密的描繪上十分動人，動物的解剖上也精準，然而總是趨向樣式化，缺乏內在生命感。裝飾傾向濃厚的波斯人圓筒印章，融合了各地風格，把圓筒印章帶向嶄新的裝飾風格。可惜在還來不及對於這種風格進行反思之際，隨著大希臘化時代的開始，僅僅數百年的波斯風味的圓筒印章就成爲兩河流域的絕響了。

抽象情感與宗教慰藉

——美索不達米亞的藝術精神——

我們對古代藝術的看法相當分歧。如何建立一種研究古代美術的觀念，確實是解決藝術成立的前階段時期的重要課題。我們今天慣用的藝術觀念來自西方，而且是來自古希臘時代，譬如藝術只是「理念」這種第二種存在的模仿觀念，產生藝術形式、內容之論爭。如果我們拿著這樣的觀念去看待古希臘藝術思想成立之前的美索不達米亞的藝術作品，很難了解他們的藝術觀念以及它們的表現意圖。英國著名藝術評論家哈巴特・里德(H.Read)說：「回顧歷史，我們可以看到藝術與宗教，有史以來就在暗處裡同時出現。」他的說法十分明確指出藝術家與宗教咒術師的相關特質。我們對於數千年來，美索不達米亞平原的藝術精神的發展，應當抱持何種態度呢？藝術行爲眞的是咒術行爲嗎？即使到了西元十八世紀時，我們都還會聽到

禮拜女性肖像　3000B.C.
巴黎羅浮宮藏

名為「立體派祈願者」之男人小雕像
高14.5cm，寬5.8cm
雪花石膏　2500B.C.　巴黎羅浮宮藏

臥牛小像　高12.7cm，寬22.2cm　黑色大理石
3100-2900B.C.　巴黎羅浮宮藏

藝術家如同上帝造人一般，爲他的作品吹入生命氣息。很顯然地，藝術行爲與咒術師賦予他的神像精氣有某些相關之處。然而，里德對此又加了一句但書：「從精神勇氣所湧現的榮光感，在原始人的藝術當中卻是看不見的。」往往藝術行爲只是讚揚神的光輝，而非自身的功績。我們希望透過這篇短文，探討美索不達米亞的藝術精神。

進步主義的迷思

今天我們對於藝術的看法來自文藝復興，所謂「藝術」（art, Kunst）的行爲與匠人製作物品相關。我們將這段歷史回溯到美索不達米亞平原的藝術時，卻會赫然發現有趣現象。〈矮腳杯〉這種奧拜德時期的黑陶，線條極盡簡單之能事，純粹是簡單與素雅的實用性機能。在粗糙陶器表面上的杯緣與杯腹中心的粗線，使得杯子具備了某種裝飾性效果。這樣簡單意圖卻意味深遠。在製作器物過程中，當先民搓揉黏土試著製作一隻動物時，譬如羊、豬、狗之類的具體對象時，試圖將同樣屬於三度空間的對象再次呈現，這樣的行爲往往就是模仿，其前提是「如實地」呈現對象；相對地，當先民提起筆在素面陶器上勾勒出抽象性的線條時，其前提往往是相當純粹的手部動作。其背後意含是咒術行爲。他們透過最純粹的線條表現出他們與宗教情感相關的情感。我們比對〈矮腳杯〉與另一件〈蛋形杯〉可以發現，這兩只杯子的線條都是位於分割中央的位置，亦即求取最簡單的幾何區分方式。相對於此，我們來比較可能是稍後年代所製作的杯子〈描繪山羊的杯子〉。

這只杯子的工藝水準極高，不像前面只是實用性，從杯身的均勻可以看到陶工的匠心所在。就描繪的技術而言，也是出奇的優美。線條勻稱的粗框

矮腳杯　高11cm，直徑13cm　彩陶土器
4700-4200B.C.　巴黎羅浮宮藏

山羊紋樣杯子　高28.9cm，直徑16.4cm
彩陶土器　4000B.C.　巴黎羅浮宮藏

蛋形杯　高11.5cm，直徑9cm　彩陶土器
4700-4200B.C.　巴黎羅浮宮藏

使得杯子達到穩定的效果，上緣所描繪的數十隻水鳥構成完整的圖案美，中間的跳動獵犬誇張而有生命力，下方山羊以旋轉的大角使得畫面動了起來。角與身體的中心描繪上一根箭，似乎有所暗示。這麼優美的杯子早已超出實用性效果，而是將自己周遭所看到的對象加以抽象化，經過費心編排才設計出的設計品。蘇美人的陶器中很明顯地出現了嚴格的秩序與規範性。這種規範性頗能傳達出這一民族的某種特質。

即使數千年前，美索不達米亞平原做

[下]豎琴演奏立像　高11cm，寬6.3cm　陶土
2000B.C.　巴黎羅浮宮藏
音樂演奏在美索布達米亞發揮重要的社會與宗教機能，這些樂師隸屬於王宮或者神殿。

豎琴演奏者坐像　高12cm，寬7.5cm　陶土
2000B.C.　巴黎羅浮宮藏
宗教活動必須音樂伴奏，以讚歌、哀歌詠嘆偉大的神。

爲日常生活用品的陶器，已經具備足以使用相當於現代的藝術行爲來加以研究與分析的可能性。也就是說，在這些陶器上面具備了形體與裝飾，機能與審美效果之間所存在的辨證關係。英國美術史學家貢布里奇指出「進步主義」(progressivizme)的迷思。從藝術學的角度而言，藝術史的發展絕非如同生命的成長，具備生老病死，藝術作品的價值判準也不是基於「進步主義」這種目的與手段的封閉性網路，而必須就純粹的視覺活動深入這些作品的精神世界。

藝術作品的成立並非完全存在於技術問題。那麼藝術作品的成立根據在哪裡呢？上述蘇美人的陶器不是讓我們感受到日本禪藝術中所強調的寂靜與自然的美感嗎？

現實的逃避與咒術的創造

古代藝術的成立與宗教行爲密切相關。上述的蘇美人的陶器製作，除了說明創作的無心的遊戲感之外，宗教的咒術行爲則與此密切相關。古代人透過宗教情緒，將藝術行爲視爲可以達到自我解放手段之一。譬如，大自然的難以預測的未知數、對生命的難以了解的奧祕，使我們產生了宗教情操。因爲宗教情操使得古代人希望透過某種行爲使心

納獻石板　高27cm，寬24.8cm
石灰石　2700-2650B.C.　巴黎羅浮宮藏

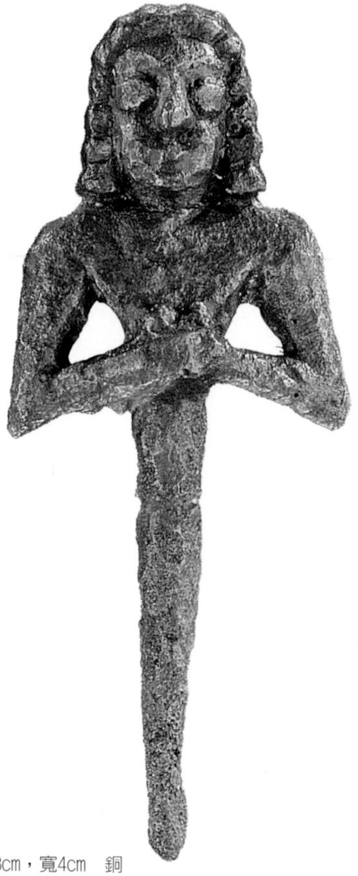

礎石人偶　高9.8cm，寬4cm　銅
2700-2600B.C.　巴黎羅浮宮藏

靈免於不安，因此必須訴諸於藝術行爲，所以古代藝術往往緊密地結合了舞蹈、歌謠、傳說，這些行爲本身往往與宗教本質不一不二。他們對於大自然的一切效應並非訴諸於理性的推理，往往根據本能性反應。他們從大自然的萬物中找出圖騰，這些圖騰被加以擬人化變成衆神。〈魚形護身符〉的雕工簡單，象徵著既是深水之神也是智慧之神的基恩，〈張翅老鷹護身符〉則與天界、戰神有關。我們今天視爲藝術作品的肖像雕塑，在古代止於慰藉惡靈，保護平安的宗教行爲之產物。透過這樣的行爲，試圖從大自然的控制下逃避開來，獲得個人存在的安全，甚而說是自由。因此，他們並非創造抽象性的存在，而是創造在自己心中認爲眞實而具體可知的具體對象，透過這種創造，他們的生命獲得某種高度的安頓作用。蘇美人的國王以神殿之建造祈求國家之繁榮昌盛。他們在建造神殿時，必須在土中埋入〈礎石人偶〉，鎮壓地下惡靈。這些〈地基小人偶〉的存在是如實的，具備實際效用。也就是說，古代人的藝術行爲的對象是基於「存有論」才產生的。同樣的，〈納獻石板〉上近乎抽象的人物，正在船上進行著宴會，上方則是演奏著音樂。我們可以推測，圖中人物正進行

獅首鷹身像　金、天青石、銅、瀝青　2500B.C.　敘利亞大馬士革博物館藏

著宗教慶典的行爲。古代人基於逃避現實才創造這些藝術作品麼？

對於神的禮讚與對於現實的逃避有一體兩面的關係，亦即祈求庇護。因此，神的榮光之歌頌，基本上與人偶之製作存在同樣層次的問題。透過人偶的創造達到積極性的自我保護作用。〈安座的女俑〉這件作品，原本是放置在神殿，是祈求信徒本身平安的自身代表。它因爲如實地存在可以代替眞實的個人，所以它的存在才具備價值。因此，古代藝術作品的創造在本質上是希望透過創造對象獲得某種永恆世界的確立。

這種世界確立在創造者的固定的空間、期待的時間當中。他們藉由形象來固定對象的存在。最簡單的形象是形條，於是原本是抽象性

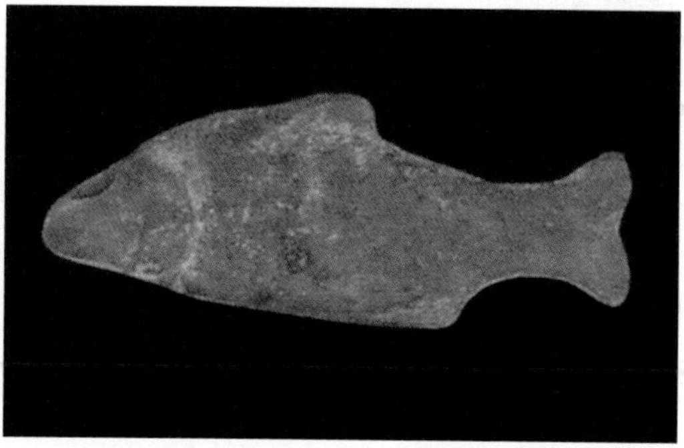

魚形護身符　高2cm，寬0.7cm　玉　4000B.C.末期
巴黎羅浮宮藏

[左]張翅老鷹護身符　高1.8cm，寬1.5cm　貝殼
3000B.C.前半期　巴黎羅浮宮藏

存在的線條成爲表達具象存在的輪廓線。於是，構圖呈現。關心的重點成爲主體，一切次要的形式變成次要對象。主體與次要對象的相互關係形成了構圖。他們也如同我們現代人一般在在畫面上求取統一、秩序，只是這些行爲往往具有神祕的宗教意涵，而非純粹的審美。進一步我們發現即使是古代美術也存在如同今天藝術上所看到的具象藝術與抽象藝術的表現差異。

抽象與紋樣之死

我們大概都知道審美感覺與知識之間不一定存在著必然聯繫感。梵谷跨出去的現代藝術的第一步，他不是依據印象主義的知識論，而是他那種心靈最深處的情感吶喊。藝術的觀念不斷變化。十八世紀德國詩人赫德齡說了這樣意味深遠的一句話：「最深刻思考的是喜愛最有生命的東西。」（Wer das tiefste gedacht, liebt das Lebendigste.）這句話將眞正的存在與思維連接在一起。亦即，觸及生命底層的那種生命才是眞正的情感作用。因此，美索不達米亞平原的藝術作品與製作者的行爲往往因爲繫於宗教情操，而有生命的深沉內涵。這種關聯性在於表現行爲本身與其對於知覺外在之對象的相互關係，而不是表現之結果。譬如人類藝術的發展從原始時代的象徵的、抽象的表現形式，經過技術的進步，文藝復興克服透視法，在表現自然對象的手段上達到最高完整度，同樣地也隨著新古典主義的理想美的達成，確立最高完整度，隨之由形式走入情感表現的浪漫主義。在人類藝術活動的漫長軌跡之中，進入浪漫主義時代，意味著回歸到深沉的情感表現行爲。回歸到如何認識外在事物的基本行爲。〈描繪山羊的杯子〉是否讓我們感受到出自生命底層的喜悅呢？相對地，跳躍的線條、迴旋的弧度、富有秩序的自然不是凝縮到方寸之間呢？我們看看波斯藝術的紋樣裝飾，是否感受到非生命的樣式化的反覆與裝飾機能的喪失呢？抽象與自然對象的相即相離之間存在生之樣式與脫去靈氣的形式化產物。

里德認同沃林格的抽象與移情的觀點。其實，他進一步藉由這種形式論的立場，試圖以環境爲因由說明抽象與具象的關係。他以爲寒冷地帶與炎熱地帶的人們，「生長於自然對人類深具敵意的土地中，人們不只從其生存的流轉，也從象徵流轉的一切東西中逃避開來。」於是藝術表現是幾何形式的。相反地，自然與生命產生共鳴，於是採取有機的曲線，這是對於世界信賴，因此諸如希

為祈求國王長壽所納獻的犬像
高8.3cm，寬11.7cm
凍石　1900B.C.　巴黎羅浮宮藏

臘藝術產生於溫和海岸、肥沃土地，所以是一種生命喜悅之藝術。這種觀點說明了藝術情感・環境・樣式之間的關聯性。其實，藝術發展樣式的發展是否是具象或者抽象往往必須區分於樣式的內在生命，而非表現手法。

詩人歌德認為樣式是藝術風格發展的極致。他暗示了這種樣式定義背後的危機，亦即藝術達到完整圓熟階段時，必然面臨的解體的危機。藝術如何具備生命力？如何遞變？

縱溝與花瓣紋樣之牆壁底部
高42.3cm，寬32cm　石灰岩
600B.C.末年到400B.C.　巴黎羅浮宮藏

所謂藝術樣式本身也是藝術生命的危機。蘇美人的藝術作品具備蘇美人的特質，然而這種特質並非一成不變，而是需要某種形式的補足作用。民族藝術有民族藝術的固有生命力，蘇美人的藝術作品只是從藝術本質跨出第一步，他將來還有十分遙遠的發展過程。就如同他們的楔形文字必須經由阿卡德人來補足一般，因此，兩河流域的藝術作品的精神形成過程，我們還得回歸到藝術學的最基本要求，純粹性的視覺、純粹性的觸覺作用，從這一點來健構蘇美人的藝術精神，藉此來看清楚兩河流域的藝術樣式。因為所謂抽象與具象的表現手法，都無法滿足蘇美人的藝術風格，他們的藝術作品是從創作的當下獲得生命的解脫，藉由宗教精神完成日常而物質的超越特質。因此，蘇美人的藝術作品必須要回歸到他們對於宗教情操的誠摯之情，以及如何透過這種情感完成喜悅，藉此解讀他們的心靈的存在世界。

從吟遊詩人到幾何學者

——美索不達米亞的文字、文學與科學——

人類最早的文字出現在美索不達米亞平原的蘇美人手中。文字的發明促使了人類文明快速向前邁進。法國大文豪盧梭對古代的憧憬引來伏爾泰的譏諷：「聽了你的話，我眞想用四隻腳走路！」眞是這樣嗎？其實盧梭「回歸自然」的訴求並不是指出回歸蠻貊洪荒時代，而是回歸人類眞正情感的訴求。或許他的『言語起源論』對我們在這裡所要論述的美索不達米亞平原的人文與科學的了解有所幫助。

言語的情感

「話語(parole)使人們有別於動物。言語(langage)將人類區分成各種民族。」(J.J.Rousseau, Essai sur l'origine des langues, ou il est

賜地界碑 2000B.C. 巴黎羅浮宮藏

楔形文字字體演變表

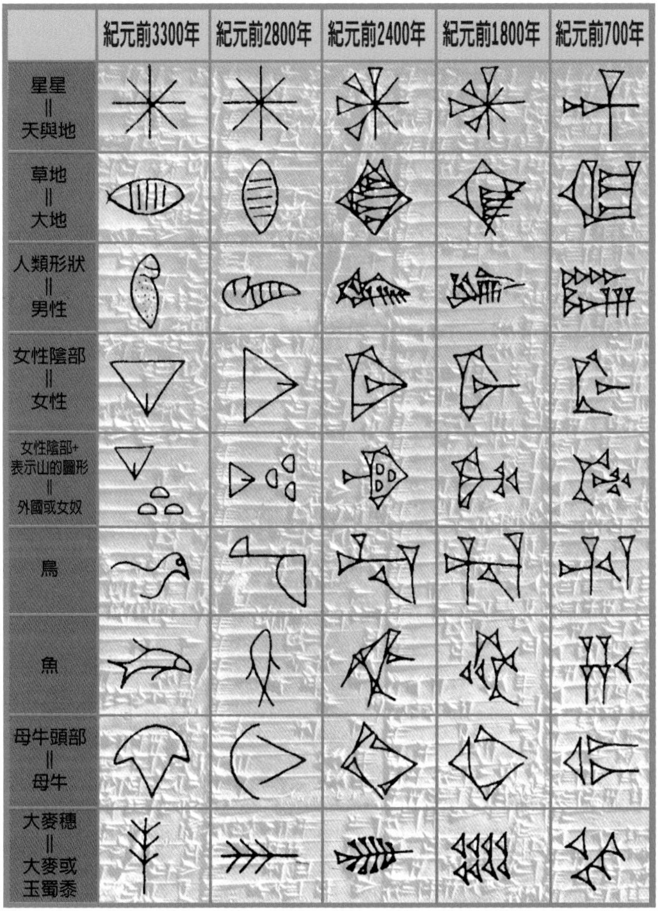

parle de la melodie et de l'imition musical, l)。人類因爲肉體生理上的需求，四出求取食物，於是遍佈各地，然而因爲話語表達出心中需求(besoin)、願望(desire)，於是人類又開始凝聚在一起；因爲人類社會組織的複雜化，構成了以單一民族爲共同生活圈的民族言語。盧梭在《言語起源論》中對言語的產生實況做了十分深刻的描述。其實，最重要的一點是盧梭提出了「符號」(signe)的觀念。書中他提到一則有趣的古代故事，因爲對於文字的演變過程密切相關，所以値得在此提一提。

在西羅多德(Herotodus)的《歷史》(Historiae, 4:131-132)中這樣提到。波斯王大流士率軍攻擊西台人，西台人有恃無恐，送給大流士一隻青蛙、一隻鳥、一隻老鼠、五隻箭。「大流士的意見似乎是西台人想要自己投降，獻上水土。因爲他推測，老鼠住在地上與人食用穀類一樣，青蛙住在水中，鳥與馬十分相似，持箭而來表示他們繳械的意思。」然而另一位將領卻這樣解讀：「波斯人啊！你們假使不能像鳥飛在天空，或者像老鼠一般鑽入地下，甚而說像是青蛙一般沒入湖中，必然都被這些箭所射殺，不能平安返國！」大流士聽了，心生畏懼，慌忙引兵返國。

這段故事無非說明指示萬物意味的符號具有各種恣意性。同樣一種東西可以有兩種以上的不同表達方式。隨著時間的遞演，這些恣意符號漸漸演變成約定俗成的「成規語言」(la langue de convention)。成規語言是必須經過同一民族的長時間篩選甄別，形成共同表達情感的符號。這種交相認同成爲傳播訊息，促進社會文明的動力。美索不達米亞的楔形文字的漸次演進，正如同盧梭所舉出的例子與說明一般。

從象形到表音文字的楔形文字蛻變

中國人提到文字的起源始於結繩紀事。蘇美人活躍於兩河流域南部，這塊

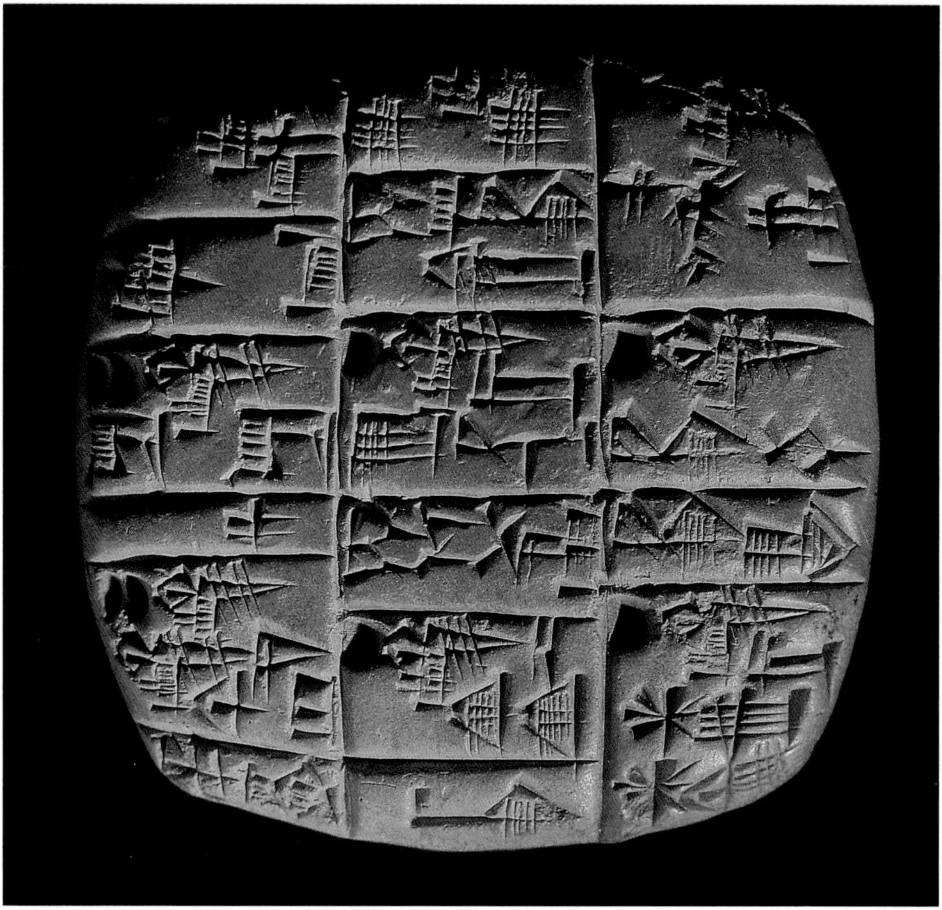

楔形文字公文書　黏土　2360B.C.　行政文書以及記載驢與貨車之黏土板

潮濕的土地，帶給蘇美人表達言語最方便的工具無非是泥土，而不是中國人的麻繩。面對羊群，面對交易商品，面對龐雜而極需記錄的事物，蘇美人遠在紀元前四千年前就想出就近取材以黏土粒代替記憶的方式。爲了進一步細部記憶、區分，於是在黏土粒上刻畫各種最簡單線條，表達現實對象。當然。也有像是印加帝國採用各種顏色與粗細不同的繩子做爲文書管理的模式，這樣簡單的模式竟然可以被運用於軍隊、外交、帝國產業管理等龐大的工作上。另一種形式當然就是我們所知道的算盤了。

相對於此，蘇美人從最簡單的黏土，發展出獨特文字，最後形成拼音文字，透過腓尼基人，影響到往後希臘、羅馬文明的發展。世界最早的楔形黏土文書出現在紀元前三千三百年前烏魯克的伊楠娜神殿。這些文字已經不是單純的線條，而是構成最早文字雛形的象形文字。這一漫長的演變到底如何形成的呢？我們可以從「楔形文字字體演變表」中窺知一二。至於如何演變到拼音文字就必須加以詳細說明。

蘇美人的楔形文字是由一個單字一個單字或者東西或者數字所構成。然而爲了表示總計之數字則必須要有嚴謹的約定俗成的使用方式。然而這樣訴諸於視覺的表達方式畢竟在表現動詞、時態上遭遇許多困難。因此，楔形文字因爲時代而有了變化。首先，楔形文字畢竟是由表象文字演變而來，因此視覺符號必須先進行改良。譬如說「給予」的動詞發音成sum，這個單字的發音相同於「大蒜」的發音；爲了表示「給予」的這種概念，就必須變成指出「大蒜」的記號。同樣地，表示「箭」的蘇美語是ti或者til，而ti這個字表示「生存」，因此爲了表示生存，蘇美人就採用了「弓」的形狀來說明「生存」的動詞。

隨著時代的變化，蘇美人就將表意融入，追加出獨立的發音系統，變成純粹具有表音音價的系統。這種系統在表現文法以及抽象性概念時才被加以使用。對於這種體系進行改進的是後起的阿卡德語。蘇美語屬於膠著語(agglutinative language)。就語言學而言，屬於膠著語的有日文、韓文、芬蘭文、土耳其文。這些語文隨著動詞與尾語幹的變化，文

新蘇美時代公文書儲藏所之行政公文書黏土板　3000B.C.
[下]埃普拉公文書儲藏所大廳出土情形

法也就起了變化。因此誠如蘇美人的文字一般，表音與表意文字卻是分開的。然而阿卡德語屬於閃族語言的一支，語幹是由三個子音所構成。因此表意文字也就必須改變成一連串的音節。但是卻因爲記號的不同而使得表意與表音都發生混淆狀況。爲了解決這種問題，也就發明出「限定」記號，藉由記號的限定，正確地指出種種記號如何規定使用。因此也就完成了楔形文字的發展。譬如說，an所發音的記號，做爲表意文字，可以表示出「天」、「神」的概念，同時也是音價「an」所具有的音節文字；然而做爲限定符號，則指定某種東西具有與神、天界的相關性格。表意記號最後終於被兩百到三百的音節記號與限定記號所取代。

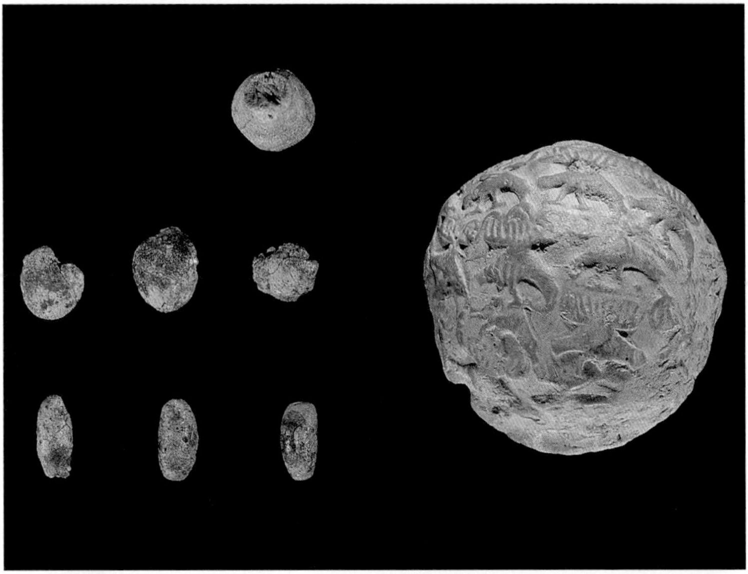

置放計算珠的球形封泥
直徑6.5cm　素燒陶土
3300B.C.
巴黎羅浮宮藏

從紀元前四千年前的空心黏土形式，又發展出圓筒印章。這種圓筒印章類似中國的封泥，上面刻畫著十分精美的圖案與文字，一般推測原本是神殿的用印，以後也做爲交易憑證，最後成爲印信。上面往往刻有使用者銘文與神話、口傳文學等精美圖案。根據歷史學家西羅多德的說法，當時巴比倫的人，從女人下至奴隸，只要成年人都擁有圓筒印章。這些圓筒印章都是使用堅硬材質製成，中間穿有繩子。當時人們認爲，如果破壞了個人財產所有的封泥，將受到

巴比倫語入門之黏土板　黏土　500B.C.
倫敦大英博物館

基爾加梅修敘事詩　800B.C.　敘利亞阿萊波博物館藏
中央為基爾加梅修，兩側為牛首怪獸。他們手持有翼太陽。

神的懲罰。

悲壯的史詩——基爾加梅修的敘事詩篇

美索不達米亞平原的悲亢史詩基爾加梅修的故事，編織成兩河流域古代文學的最高傑作，這首長詩因爲有楔形文字的保存，得以一再成爲人們表現民族記憶的最佳影像，如果沒有這首詩歌的流傳，我們對兩河流域的美術圖案與其內在精神恐怕難以深刻理解。這首文學詩歌與紀元前一千兩百年成立的巴比倫的「埃尼馬．埃利修」(Enuma Elish)同樣是兩河流域的精神泉源。「基爾加梅修敘事詩」(Gilgamesh)開始出現於紀元前四千年前，到了紀元前兩千多年以亞敘與尼尼微公文書形式正式被記載下來。因爲故事內容具有兩河流域的根本精神，一再成爲民間戲劇，反覆被表現成藝術作品，所以我們簡單地加以敘述。

基爾加梅修國王三分之二是神，三分之一是人，希臘神話中稱此英雄，然而蘇美人的眼裡，依然是個凡間的人。這位國王治國嚴厲，強制勞役，任意行使少女的初夜權。這種權利在原始遊牧民族當中往往只有族長才能擁有。故事的另一位主角是與動物和睦相處的半人半獸恩基多(Enkidu)。恩基多生來醜陋。一

惡魔浮瓦瓦頭像　黏土　2000B.C.初期
高9.3cm，寬6.5cm　羅浮宮美術館
浮瓦瓦也翻譯成渾巴巴(Humbaba)

抱獅子的基爾加梅修　雪花石膏浮雕　800B.C.
巴黎羅浮宮藏

日，恩基多被神殿藝妓所誘惑，克制了獸性。這位藝妓引導恩基多進入基爾加梅修所統治的烏魯克城。他進城後，梳洗身體，剃掉鬍子，酒足飯飽後，竟然想要與基爾加梅修的新婚妻子同衾共眠。於是兩人展開激烈戰鬥，結果勢均力敵，終於結成莫逆。此後，他們兩人因事遠征，卻對不祥夢兆置若罔聞，向著北部杉樹林前進。他們砍倒神聖杉樹林，殺死看守森林的惡魔浮瓦瓦(Huwawa)。因為基爾加梅修的勇敢，博得金星女神伊希達的青睞，希望結為伴侶。然而這位女神惡名昭彰，往日情人都被打入地獄。基爾加梅修對於這樣的戀情斷然拒絕。惱羞成怒之餘，伊希達派遣可怕的天上公牛前來報仇，兩人為了拯救市民，打殺這頭公牛，並將

人面公牛　黃金、石　1700B.C.　敘利亞阿萊波博物館

巴比倫世界地圖　700-600B.C.
倫敦大英博物館
上刻有阿卡德王薩岡傳說與大洪水神話傳說

血跡斑斑的牛腿丟向女神。這種行徑，招致安利爾神的震怒，決定懲罰他們，恩基多染上不癒之症而喪命。基爾迦梅說了這樣一段感人詩句：「死亡的恐懼使我奔馳於草原之中。友人的命運沉重地壓在我身上。我怎能沉默？因爲所愛的友人已歸塵土。我將如友人一般睡眠，不再能甦醒過來？」他深深體認到死亡的本質，爲求長生不老，尋找到大洪水後倖免殘存的唯一永生者烏特那比修提(Utnapishtim)。他毅然前往西部高山，途中遇見可怕的蠍子男人，獲得允

許，經過隧道進入山脈對面，望見大海，在海邊遇見撒多麗・寧芙(la nymphe Siduri)。寧芙以享樂誘惑他，阻礙前進。基爾加梅修一心求藥，寧芙遂告知烏特那比修提去處。他穿越死海，終於在大海找到了這位永生老人。老人告訴他長生妙草位於死海深淵。於是他奮勇躍入死海，取得長生妙草。但是，當他返家途中，卻因過於疲倦而入睡，結果蛇從海中游出，吞食了這苦苦獲得的長生妙草。

關於計算圓錐幾何問題之楔形文字　黏土板
1800B.C.　倫敦大英博物館藏

尼普爾都市平面圖　黏土板
耶拿菲特烈・席勒大學藏

這段故事說明人們終究無法獲得永生。可惡的蛇因為蛻皮的關係，象徵著再生。在古代美索不達米亞的各種素材，譬如珠寶、閃綠石、紅玉、金銀……等等工藝美術作品上反覆出現了基爾加梅修、恩基多、伊希達之間情感交織的神話故事。在他們的美術品中，往往以簡單而樸實的線條表現出人類面對眾神的恐懼與生命的必然終結性。所謂的永生只有存在於宇宙眾神的無限循環之中。一種生命的恐懼與不安瀰漫在他們的藝術作品中。

從除魔・醫學到幾何學

咒術在美索不達米亞平原被視為極重要的治病方式之一。他們認為生病與神經性疾病是因為人們犯了重大錯誤後，惡魔進入人體後所引發的結果。因此除魔師的重要工作是喚起病人犯錯的記憶，這種行為相當於宗教行為中的懺悔前之步驟。他們留有一本文書稱之為《除魔師到病患家之時》。這裡描述著除魔師前往病患居家途中所見到的徵兆，譬如，「除魔師前往病患居家途中，見到黑色豬，病患當死，或者經歷重大痛苦後康復。如果見到白色豬，病患康復；如果見到紅色豬，病患在第三個月的三日內死亡。」當然這只是其中之一則。他們對病患的身體進行種種檢查，查明附身惡魔的眞實身分。有時除魔師也與醫生一同調配種種藥品。

古代美索不達米亞的醫生剃著光頭，手中拿著奉獻給神的缽、香盒、放有藥草的袋子。最早的醫學書籍可以上溯到烏爾第三王朝，處方有牛奶、蛇皮、龜甲、樹皮、柳樹……。到了新亞述時期(紀元前八世紀到七世紀)時，則條理井然地製成疾病與治療之對應表格。此外，他們也對種種疾病進行描述。有時也對病患實施手術，然而次數卻很少；一經失敗，醫生的手足將被切斷以示懲罰。紀元前五千年已經有開頭蓋骨的手術紀錄。古代蘇美人與巴比倫人對醫學進行十分果敢的實驗，他們謹慎診斷疾病，將各種症狀蒐集起來，加以記錄，唯一欠缺的只是推演出有效的科學理論之根據。

另一點值得一提的是蘇美人所發明的六十進位法。這種進位法比起十進位還要麻煩，然而卻和時間與角度的計算方式類似。六十可以簡單地分成二、三、五、六、十、十二、十五、廿、卅。紀元前兩千年前，美索不達米亞的數學已經可以算到二平方根、三平方根；巴比倫的學者能算到最小誤差值爲一．四一四二一三。學生可以運用代數、幾何，遇到挖掘運河、站衛兵等實際問題時，也都能以數學加以解決。他們已經能將幾何學運用到地圖、分割技術層面上。地圖上，他們能做正確的縮小。對於都市外的農地大小能進行極爲正確的標示。

因爲地理環境的惡劣，兩河流域的數學相當發達，同樣也因爲環境的惡劣，外族相繼入侵，自然與人事的難測，他們的藝術表現出神祕的不安傾向，繁複的象徵符號是他們對大自然敬畏之情與宗教信仰上所留下的痕跡。

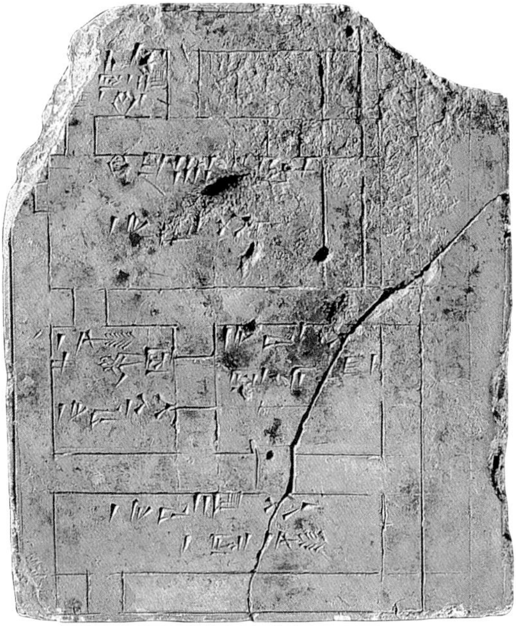
標注尺寸的房屋平面圖　高11cm，寬9cm　黏土
2330-2150B.C.　巴黎羅浮宮藏

幾何學紋樣之黏土板
黏土　2000B.C.　耶魯大學藏

彩文土器皿　哈拉夫時期　紀元前4400年　土器　直徑32.6cm
艾阿基亞出土　巴格達伊拉克國立博物館藏

人面土器（破片）　薩馬拉時期　紀元前5300年　土器　口徑8.7cm
巴斯納出土　巴格達伊拉克國立博物館藏

女性小雕像　哈斯納時期　紀元前6000年　阿拉巴斯達　中間雕像高12.8cm
杜爾・索汪出土　巴格達伊拉克國立博物館藏

[左頁圖]女性顏面像　烏魯克時期　紀元前3300年　白大理石　高21.5cm
烏魯克出土　巴格達伊拉克國立博物館藏

紅彩土器　初期王朝時期　紀元前3000年　土器　高28cm
卡法傑出土　巴格達伊拉克國立博物館藏

[右頁圖]鬚髯的男子　初期王朝前　紀元前3100年　原色石雕　高18cm
烏魯克出土　巴格達伊拉克國立博物館藏

禮拜者形狀的銅製供物台
初期王朝時期
紀元前2700年
卡法傑出土
巴格達伊拉克
國立博物館藏

男女禮拜者像　初期王朝時期　紀元前2700年　石膏　男子像高72cm　女子像高59cm
阿斯馬出土　巴格達伊拉克國立博物館藏

馬里都市的監督艾比吉爾雕像
初期王朝　紀元前2600年
高52.5cm　馬里出土

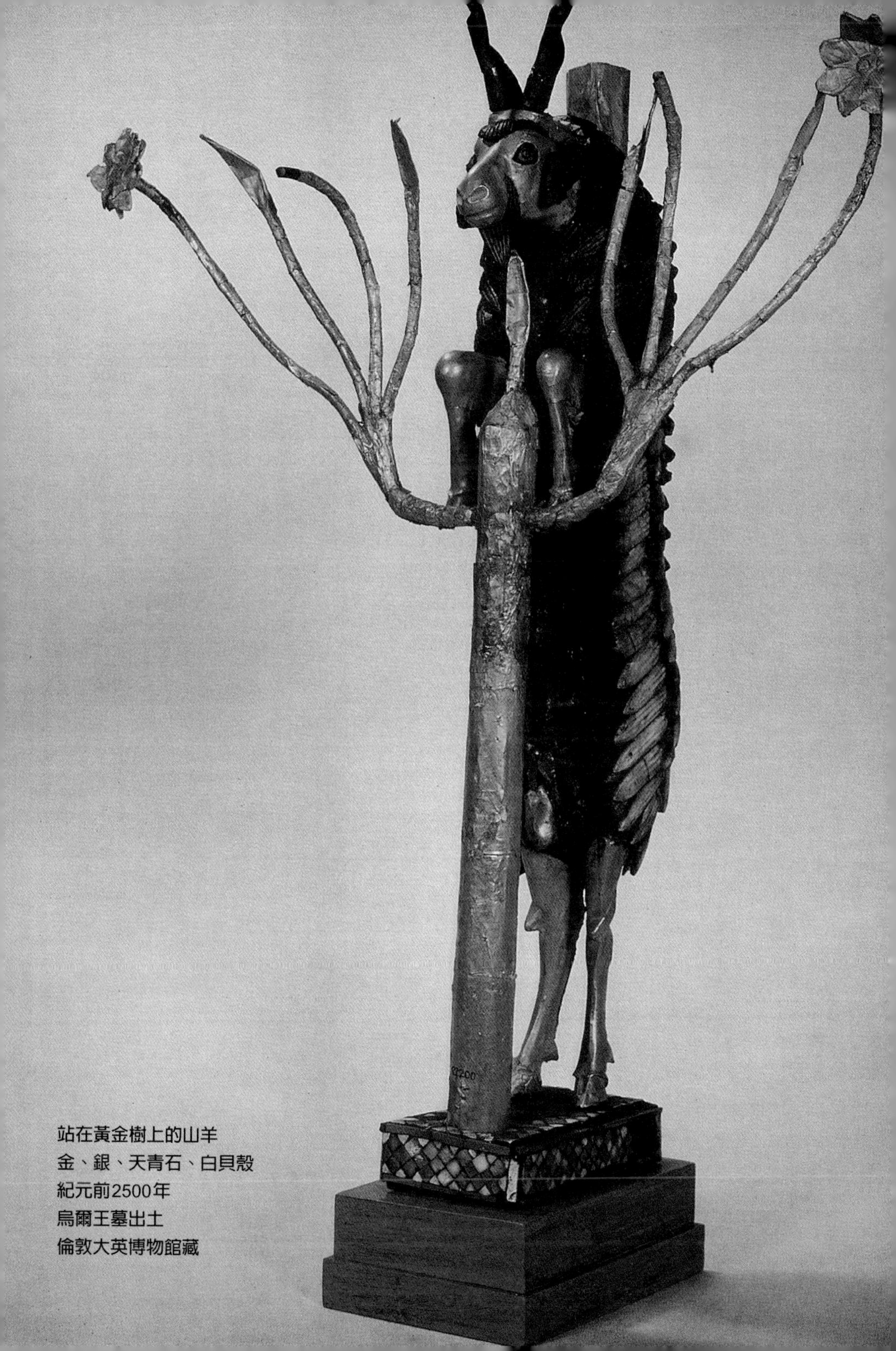

站在黃金樹上的山羊
金、銀、天青石、白貝殼
紀元前2500年
烏爾王墓出土
倫敦大英博物館藏

黃金的短劍　初期王朝時期　紀元前2600年　黃金、天青石　長37.3cm
烏爾出土　巴格達伊拉克博物館藏

[左頁圖]
艾杜美那的銀壺　初期王朝時期　紀元前2450年　銀、銅　高34.9cm
杜羅出土

古迪阿頭像　新蘇美時代　紀元前2200年　閃綠石　高23cm
特羅出土

[右頁圖]
阿卡德與基絮國王薩岡面具　阿卡德王朝時期　紀元前3000年　青銅　高36cm
尼尼微出土　巴格達伊拉克國立博物館藏

神賜王權的馬里國王　巴比倫第一王朝　紀元前1800年　壁畫　250×175cm
馬里出土

牽著犧牲的牧牛　巴比倫第一王朝　紀元前1800年　壁畫　人物現存　高43cm
阿雷波國立博物館藏

黃金鬘形頭盔　初期王朝時期　紀元前2600年　黃金　高23cm
烏爾出土　巴格達伊拉克國立博物館藏

有翼人面牡牛像　紀元前九世紀前半葉
亞述王阿修爾．巴尼巴爾的西北宮殿遺
址出土原位置復原

亞述王小像
紀元前900年　琥珀　高24.8cm
波士頓美術館藏

蒙娜・麗莎　紀元前800年末　象牙　高16cm
亞述王阿修爾・巴尼巴爾的西北宮殿遺址出土　巴格達伊拉克國立博物館藏

撲倒黑人的雄獅　紀元前800年　象牙、黃金、石　高10.2cm
亞述西北宮殿遺址出土　倫敦大英博物館藏

女神立像　馬里遺蹟　紀元前2300年　銅雕　高10.6cm
敘利亞國立博物館藏

奉獻用石槽　紀元前3000年　玄武岩　高58cm
馬里出土　敘利亞國立博物館藏

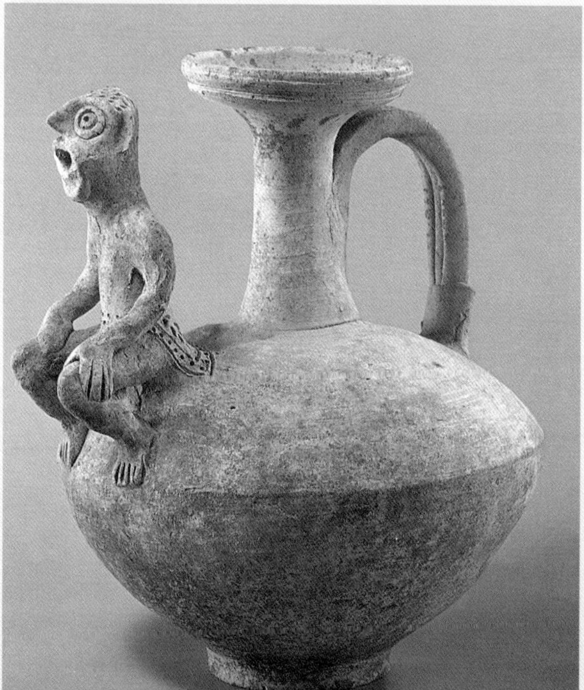

裝飾人物把手壺　紀元前2000年
高24.2cm，胴徑22.3cm，口徑9.4cm
杜阿弗馬出土
敘利亞國立博物館藏

巴比倫的遊行道與伊希達門

——德國柏林西亞古物博物館珍藏——

博物館簡史及其考古工作

一八三〇年，柏林的路思德園博物館（Museum am Lustgarten）開幕，古代近東古物併入古代雕刻部門。一八八五年，古代近東古物轉移至埃及部門。一八九九年，柏林皇家博物館（the Konigliche Museen）設立近東區，成為一個獨立的部門，即眾所周知的國家博物館。

古代近東部成立之後，辦公室在腓特烈大帝博物館（the Kaiser Friedrich Museum，即今之博德博物館，the Bode Museum）的地下室。收藏品只有部分對外做短期的展出。直至一九二六年，裴加孟博物館（the Pergamon Museum）一樓南翼留作古代近東古物存放地點，這種狀況才有所改善。安置大型古物的計

裴加孟博物館外觀（德國柏林）
西亞古物博物館從裴加孟博物館中央進入右轉

德國柏林西亞古物館內部一景

西亞古物博物館內展覽室8　復原的巴比倫衆神行列街道　　[下]巴比倫衆神行列街道壁上的獅形彩釉磚浮雕

巴比倫時期楔形文字泥板

代表阿達德神的璧琉璃祭儀封印　琉璃
長12.5cm，徑3.2cm　紀元前9世紀　巴比倫

畫於焉展開，經由購買、捐贈，以及最重要的，因爲發現、分工而大規模挖掘出來的巴比倫和亞述時期的古物得以與世人相見。

考古學家、考古歷史學者華特・安卓（Walter Andrae），是此一部門一九二八年至一九五一年間的主管，其展出理念及基本架構沿用至今。經過多年挖掘巴比倫及亞述古物，安卓對重建古代近東考古貢獻良多。

一九三〇年，裴加孟博物館南翼中段完工，博物館以專業手法領導重建了伊希達門、新巴比倫風格的御座室建築，以及一座波斯皇宮。接著，又花了幾年時間設置其餘的陳列館，最後，在一九三六年，館內所有收藏品得以公諸於世。

數年後，二次世界大戰爆發，博物館關閉。館中最寶貴而可以移動的收藏被置放在裴加孟博物館的地下

現在的巴比倫神殿塔廢墟航空攝影

室裡，其中併入重建大型古物的建築遺蹟，也被保護得很好，皆受到磚砌外牆的保護。

根據戰爭末期所做的編目清單顯示，所有的收藏品都保存下來了，然而，建築物因嚴重毀損沒能妥善保護古物。戰爭一結束，館藏就由蘇聯陸軍託管，因內容曝光及偷竊而遭到危害。

裴加孟博物館修復後，在梅耶（Gerhard Rudolf Meyer）的指導下，古代近東收藏於一九五一年重新開幕，不過，一開始只有四個陳列室。

兩年後，整個部門更名為西亞古物博物館（Museum of Western Asiatic Antiquity），地點仍在戰前原址。一九五八年，蘇聯境內的博物館所託管的全部藝術寶物皆歸還柏林。重新併入館藏及整修後，古代近東古物得以原貌重現。

柏林西亞古物博物館的重要性，在於館藏的範圍和品質都很可觀，並且精心重建了古代近東地區特定的不朽建築物。館中收藏的古代近東古物在德語系國家可謂一枝獨秀；除羅浮宮和大英博物館之外，館藏獨步歐洲。

西亞古物博物館展出的物件，時空跨越六千年，依地理區和年代編制；不同地理區的各類文化個別陳列，而各個文化的發展概況依年代次序圖示。

較諸現代歷史的研究，古代近東文化不受重視。現代知識對它們的了解全靠考古研究，如今，藉著自然科學和資訊科技合作下的圖書館系統研究法，已能彌補考古學先天上之不足。

近東考古始於十九世紀中葉，最早是英法兩國的學者探勘亞述帝國的廢墟。德國在一八八七至八八年加入近東考古的行列，由柯德威（Robert Koldewey，此君日後至巴比倫從事挖掘古物的工作）率領一支探險隊深入伊拉克南部。一八八八年至一九〇二年，勞辰（Felix von Luschan）跟隨柯德威，在敘利亞北部的金吉里（Zinjirli，古薩馬爾城）從事考古研究；其時，勒曼（Carl Friedrich Lehmann）和貝爾克（Waldemar Belck）已在安那托利亞（Anatolia）東部的托布拉克・卡勒（Toprak Kale），即古烏爾王國（Urartian）首都圖什帕（Tushpa），進行探勘。

母與子殘塑　陶　高5.2cm　紀元前6～5世紀　巴比倫

直接從這些考古成果獲益的是，成立於一八九八年的德國東方學會（German Oriental Society），為古代近東考古學發展過程中的第一個高潮，此後，則一直停滯不前。同一年，學會任命柯德威擔任以巴比倫為主的考古挖掘工作，這項任務始於一八九九年，直至一九一七年方才告一段落。一次世界大戰後，考古學家在巴比倫考古基地設置了數個較小及兩個主要的挖掘地點，是為德國考古活動的重心。一九〇三年，在華特・安卓的指導下，開始挖掘古代亞述帝國的都城，挖掘地點包括：法拉（Fara，蘇美古城舒魯帕克Shuruppak）、阿布・哈巴（Abu Habba，古城希巴爾Sippar）、比爾斯・尼姆魯德（Birs Nimrud，古城博爾西珀Borsippa），挖掘工作進行至一九一四年。

一九〇六年，在安那托利亞的博阿茲柯尹（Bogazkoy，古稱哈圖薩Hattusha，西台帝國的首都）展開考古工作，一九一二至一九一三年在美索不達米亞南方的沃卡（Warka，古稱烏魯克Uruk）進行首次的探測。同一時期，一九一一至一九一三年止，奧本海（Max von Oppenheim）在敘利亞北部的哈拉夫（Tell Halaf）一帶進行考古活動。巴比倫和亞述地區的考古從一次世界大戰中斷後就未再恢復。一九二八年，烏魯克廢墟開始受到注意，在博阿茲柯伊的考古挖掘工作方始恢復。

一九四五年以後，近東地區許多國家禁止自田野調查中攫奪古物，新法規開始管制古物出口。感謝早期的部分發現與挖掘，近東美術館（the Near Eastern Museum）提供了相當可靠的關於蘇美（來自烏魯克的資料）、巴比倫、亞述文化，以及古代敘利亞北部和安那托利亞地區（金吉里、哈雷夫、托布拉克・卡勒）的文件。這些文化遺產，時間自史前時代跨越希臘羅馬時期。

二圓瓶　不透明彩色玻璃　各高8.7cm、6.7cm
左：紀元前6～4世紀，右：紀元前8～7世紀　巴比倫

巴比倫時期

巴比倫的歷史可溯自阿卡德王朝（Akkad），不過，直到紀元前兩千年左右才因政治和文化的重要性而崛起。「巴比倫時期」，名王漢摩拉比（Hammurapi, 1792-1750B.C.），統一了美索不達米亞的大部分地區。漢摩拉比死後近兩百年，這個帝國日漸衰弱，最後落入西台人（Hittites）的手裡。西台人來自安那托利亞，劫掠並且消滅了巴比倫。

西台人之後，此地又落入已定居此地區一段時間的卡希特人（Kassites）手中。此一時期（紀元前十四世紀上半葉），最重要的文件就是卡希特人的國王們給阿門荷特普三世（Amenhotep III）及四世（即埃及名王易克那唐Akhenaten）的書信。這些埃及法老王及當時近東君王間的國際性禮尚往來信件，是在阿馬納（Tell el Amarna，上埃及埃赫塔吞城廢墟及墓地遺址）檔案中發現的。

卡希特人統治巴比倫約四百年。這個地區日後的命運十分錯綜複雜，巴比倫北方的鄰國亞述，與西邊和美索不達米亞爲鄰的草原遊牧民族一樣，一再的征服及消滅巴比倫。不過，巴比倫城的存在和重要性並未受到威脅。從迪克拉普萊些爾（Tiglathpileser）三世建立的亞述王朝開始，亞述的國王們甚至自稱是「巴比倫王」。

亞述帝國亡後，巴比倫迴光返照的興盛了一

笏　截子瑪瑙　長38.4cm　紀元前6世紀　巴比倫

段時日。那帕波爾拉薩（Nabopolassar, 625-605B.C.）和他的兒子那普加德那薩爾（Nebuchadnezzar, 604-562B.C.）二世，在城中大興土木，爲我們留下了古代近東地區最耀眼的建築。

波斯的阿開閔尼德王朝（Achaemenid）的國王居魯士（Cyrus）於紀元前五三九年入侵巴比倫，結束了絢麗的新巴比倫時代。此城最初逃過一劫，但是日後由於想要反叛波斯王澤克西斯（Xerxes）而遭嚴懲。城牆圮毀，馬杜克神廟（the Marduk Temple，聖經裡的巴比倫塔）著名的寶塔式建築均遭破壞。不過，這座顯赫一時的城市，日後在馬其頓的亞歷山大大帝（Alexander the Great of Macedon）征服美索不達米亞之後，成爲其帝國的首都。紀元前三百卅二年，亞歷山大不幸早死，遷都底格里斯河畔的瑟魯沙（Seleucia）；安息人（Parthians）繼馬其頓將軍塞留孤（Seleucus）創建的中亞細亞塞琉西王朝之後統治了美索不達米亞，在泰西封（Ctesiphon，伊拉克巴格達東南方）建都。巴比倫城逐漸爲人所遺忘。

在十七年的考古挖掘工作中，於巴比倫出土的古物（第六陳列室），我們所知甚微。巴比倫城初創時期和舊巴比倫時期（the Old Babylonian Period，紀元前兩千年的上半期）留下的東西極少，原因是地下水升起，淹沒了早期的地層。此一時期最有名的紀念石碑就是漢摩拉比法典。法典一度設置於巴比倫或辛巴爾（Sippar），在古代的伊蘭王國（Elamite，伊朗西南部的古國）首都蘇薩（Susa）出土，是一次襲擊時遭遇劫持的結果。西亞古物博物館中展示的漢摩拉比法典，是石膏翻模複製品，原件藏於巴黎羅浮宮。

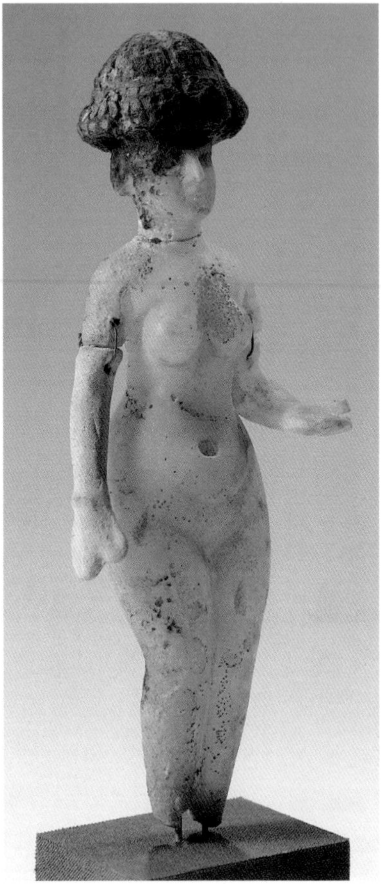

裸女小雕像　雪花石膏　高19cm
約紀元前200年　出處不詳

巴比倫出土的小物件，大部分是新巴比倫時期晚期和波斯時代的東西。銘刻物件尤其多，特別是刻有楔形文字的泥板。建築物碑銘、商務文件、卡希特人統治巴比倫時期，王室間往來的信件（「阿馬納書信」），紀元前第一和第二世紀的代表性書寫文件，皆是巴比倫出土的收藏物（第十五櫃）。特別值得注意的是，製作精美、刻在石塊上的土地轉讓及地契授權書。其中最重要的收藏就是日期遠溯自紀元前第八世紀，國王馬杜卡普雷迪那（Mardukaplaiddina）二世與高階要人之間的土地轉讓文件。

宗教信仰、儀式和魔法，在古巴比倫亦扮演了重要的角色。人們以讚頌、祈禱、寺廟儀式與獻祭來崇拜神，用盡一切方法來趨吉避凶。於是，人們製造驅邪用的泥偶和護身符，藉預兆和神諭驅魔。祭司們擅長解讀犧牲的肝和內臟；他們解釋天象，以及浮在杯中水面油漬的形狀和飛鳥的排列形狀。人們相信他們能預測未來。除了許多祭祀用物件，

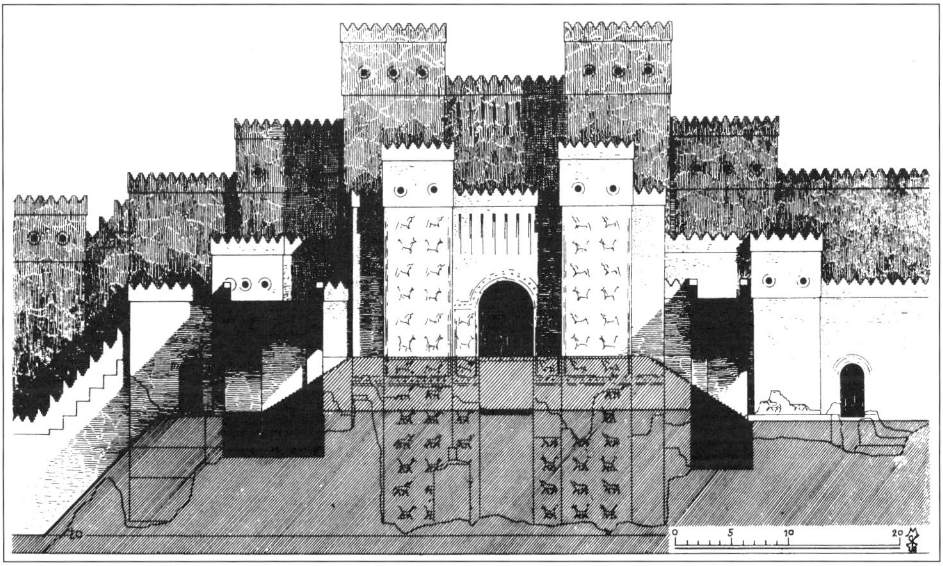

巴比倫遊行道斷面圖與伊希達門全構造素描　斜面部分為最後建設期完成

西亞古物博物館陳列的巴比倫王那普加德那薩爾二世南宮殿謁見室復原模樣

還有代表阿達德神（Adad，巴比倫和亞述掌管天氣的大神）的璧琉璃祭儀封印（第十九櫃），是寺廟裡的用品。

最常見的是各種尺寸、形狀和質材的容器（第廿櫃）。展示的物件大多爲阿開閔尼德王朝、塞琉西王朝和安息王朝時期的東西；以黏土和玻璃製成，有各種裝飾圖案，形制精美，從單一釉色到高品質的彩釉，不一而論。

日用品則有梳子、髮夾、銅搭扣、玻璃製的小瓶小罐，及彩陶或半寶石製成用來裝油、芳香劑和化妝品的器皿。下棋和擲骰子是巴比倫人的休閒娛樂（第廿二櫃）。收藏中最特殊的是幾件極精美的物件，如截子瑪瑙製成的權杖和同樣質材的權杖柄部，二者皆爲權力象徵。

較次要的一些藝術品（第廿一櫃），有些出自私人房舍廢墟，讓我們了解巴比倫人當時的雕刻形式和品質，此類藏品留存極少。

那普加德那薩爾時期的巴比倫，主要建築物爲馬杜克神廟。第六陳列室裡的建築模型，展示了埃薩吉拉寺(Esagila)的基層，及埃特梅南奇寶塔(Etemenanki)。

巴比倫伊希達門（Ishtar Gate）最初的兩座建築面相圖示於同一間陳列室的牆板上，告訴我們此門在構築期間所做的改變。伊希達門及其遊行道，已在西亞古物博物館的主軸上重現原貌。

巴比倫的遊行道和伊希達門

在博物館內重建遊行道（第八陳列室）和（伊希達門第九陳列室），讓觀眾得以目睹兩座最著名的古代建築。這些壯麗的古代近東建築不過是巴比倫帝國當時不朽建築中的一小部分，並且曾經爲都城增色不少。和巴比倫的巨型建築物，如馬杜克神廟或皇宮比較起來，伊希達門及遊行道樸素多了。伊希達門是一個設防的城門，它並非宗教建築，不過卻以附近阿卡德（Akkad）內城廟裡供奉的伊希達女神命名，圍繞巴比倫城的城門至少在七座，這座門是其中唯一的一座有著兩重城牆的城門。

伊希達門正面的龍（架空的動物與雄牛的彩釉磚雕）　第三建設期

伊希達門的特殊風格，即使在今日依然讓觀賞者讚不絕口，它和巴比倫城北端的皇宮和防禦工程等數個延伸建築相連接。並且與門前方的通道相互呼應。在最早的兩任國王那帕波拉薩爾和那普加德那薩爾治理期間，重整、擴建了城北皇宮區，兩座大致平行厚七公尺的城牆，豎立形成的通道可通往城門。整建期間，寬約廿到廿四公尺不等的街道，長約二百五十公尺，終止於城門前方的廣場。

遊行道牆上的獅形裝飾，是利用特殊模型製作許多磚塊，大量生產做成的。在每一方標準尺寸（33×33×8cm）的磚上嵌入小塊的部分獅形浮雕；拼出一個獸形，需十一層磚。模型有一組，一隻獅子向右走，另一隻獅子面向左邊。裝飾在門上的牡牛和龍形浮雕，也是以這種方式做成的。

用上了彩釉的磚組合成圖象、色澤斑駁的橫飾帶和薔薇形飾條，此種彩飾效果，保存得相當完好。這種鮮明、生動的裝飾效果，使得此條遊行道較城中那些寬闊的街道醒目。牆的頂端是垛口，垛口與牆底端彩釉飾帶之間，則是樸素而未上釉的粗磚，表面塗有灰泥。

和臨街的牆比較起來，門內部的牆都

是上了釉的磚，只是獸形飾帶部分是牡牛和龍形的圖案而非獅子。博物館裡的複製品，尺寸太小，無法顯示出原建築的壯闊空間。寬卅公尺的遊行道，只重現了三分之一的寬度。至於門本身，只能重建前方較小的兩座側塔；觀者得想像大得多的主門（第九陳列室，建築模型）。

雙層城門佔地長四十八公尺，寬卅公尺（不包括與城牆相連接的部分）。裡面有很深的空間可以容納城門大開大闔，裡面也有守衛的房間，以及專用的供水設備——地下井。人們在進城之前，得先通過四十八公尺的城門建築，這可是保護都城的一項安全設施。

門本身極高，大量的殘骸和建築物堆積在皇宮區，是三部分相連的建築結構，裝飾圖案卻各不相同（如第六陳列室）。挖掘出來的城門基部，在未上釉的磚塊上有龍形和牡牛圖案的浮雕。第二部分圖形相同，但是卻鑲嵌在上了釉的彩色磚塊上，並且沒有浮雕效果。城門最高處，大約十五公尺的部分，裝飾圖形則是以上了釉的浮雕磚塊鑲嵌在牆上，就像博物館裡複製的城門那樣。

出土的城門當然和博物館裡複製的城門不同，它們不過是城門的部分基部與無數上了釉的磚塊碎片，以及一些留下原始色澤的街道石塊，即鋪路用的白色石灰石和街道兩側的紅色石灰石。不過，這些東西已足夠讓考古學者辨認出原來的建築結構。在艱辛的復原工作過程中，只要博物館的空間許可，是有可

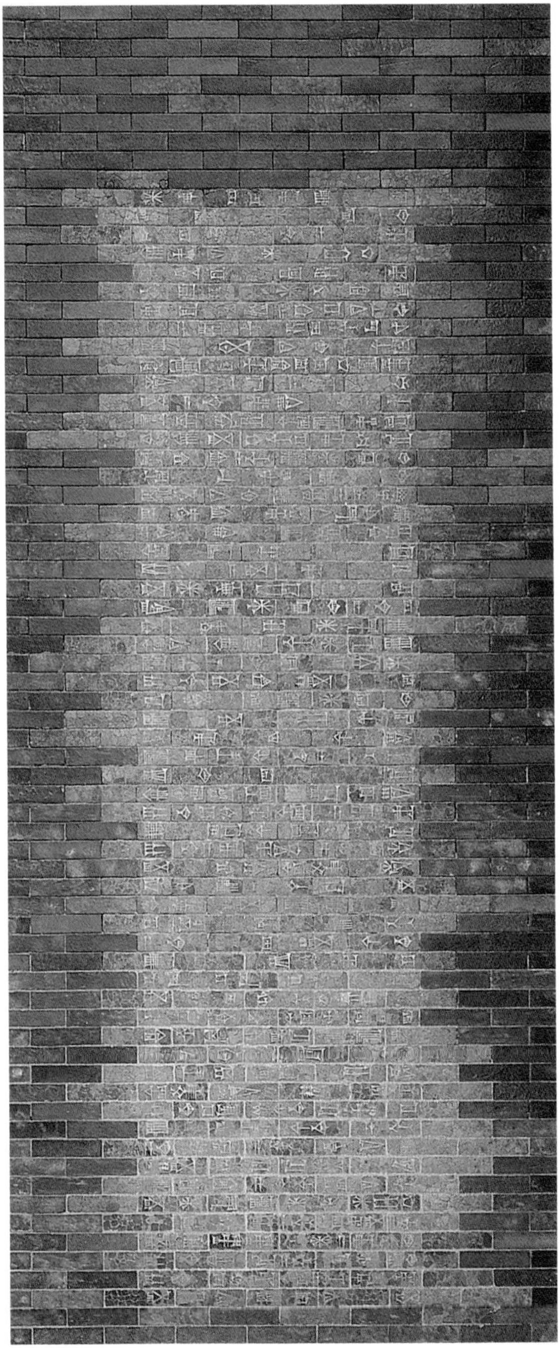

巴比倫王那普加德那撒爾二世的碑文復原全貌

伊希達門（局部）　鑲嵌彩磚　高1473cm，寬1570cm　西元前6世紀　巴比倫

巴比倫伊希達門測觀

能將許多原始磚塊重新組合依比例復原城門通道和臨街的牆面。城牆讓觀眾見識了巴比倫人的建築成就，也同時展現了專家研究的結果。所有的動物浮雕和其他大部分的裝飾物，都是根據古代的碎片拼湊而成；重建城門上的現代上釉磚塊，很容易就可以從古代的碎片組合中辨認出來。重建的城門高一四．七三公尺，頂端垛口的形制主要是根據亞述浮雕中的巴比倫建築圖樣重建。

在古代，這座包含通道和城門的建築群，具有其禮拜儀式和宗教上的功能。巴比倫每年重要節慶，連續十一天的新年慶祝活動，全境所有寺廟的神像，都集中到巴比倫城的馬杜克神廟區內。慶典在盛大的眾神大遊行之後結束。遊行自城牆外的「新年節慶屋」（new year festival house）開始，沿著遊行道，穿過伊希達門。建築基部銘刻記載，因著節慶而絢麗的裝飾，使得伊希達門和遊行道有別於其他城門與街道，而這也是興建者那普加德那薩爾二世所希望的。

兩道牆重建的部分，外表裝飾有彩磚的御座室（第九陳列室的矮牆），是從巴比倫南面城堡移用過來的。這也是巴比倫王那普加德那薩爾二世時代的建築。

西亞古物博物館內的巴比倫伊希達門正面

柏林西亞古物博物館展出的美索不達米亞古陶　紀元前2800～2500年

柏林西亞古物博物館陳列的巴比倫楔形文字及建築粘土板

柏林西亞古物博物館陳列的彩釉瓷磚壁飾

柏林西亞古物博物館陳列大量古波斯織氈，老師帶者學生參觀講解

羊雕　土塑　紀元前2800～2700年　高5.4cm
柏林西亞古物博物館藏

柏林西亞古物博物館陳列的古玻璃瓶

三個橫臥動物小像　大理石、嵌天青石、綠寶石　最大1.6cm　約紀元前2800～2700年

半獅半鷲的怪獸雕像
銅　高21.2cm　紀元前800～700年
柏林西亞古物博物館藏

亞述巴尼巴爾宮殿浮雕（局部）　雪花石膏　高39cm，寬48cm
約紀元前650年　柏林西亞古物博物館藏

裸女塑像　彩繪陶土　各高5.8cm、6cm　紀元前6000～5000年　柏林西亞古物博物館藏

描繪巴魯卡巴國王的浮雕　玄武岩　高113cm，寬115cm
約紀元前730年　柏林西亞古物博物館藏

中亞述法磚碑表面　陶（已燒製）
高32cm，寬20.5cm　亞述紀元前1200年
柏林西亞古物博物館藏

奠基人小像（跪坐神祇手握刻有銘文之釘）
銅　高17.4cm　約紀元前2144～2124年
柏林西亞古物博物館藏

居魯士一世的攜矛侍衛　上釉人造石浮雕　高183cm
蘇薩王朝　柏林西亞古物博物館藏

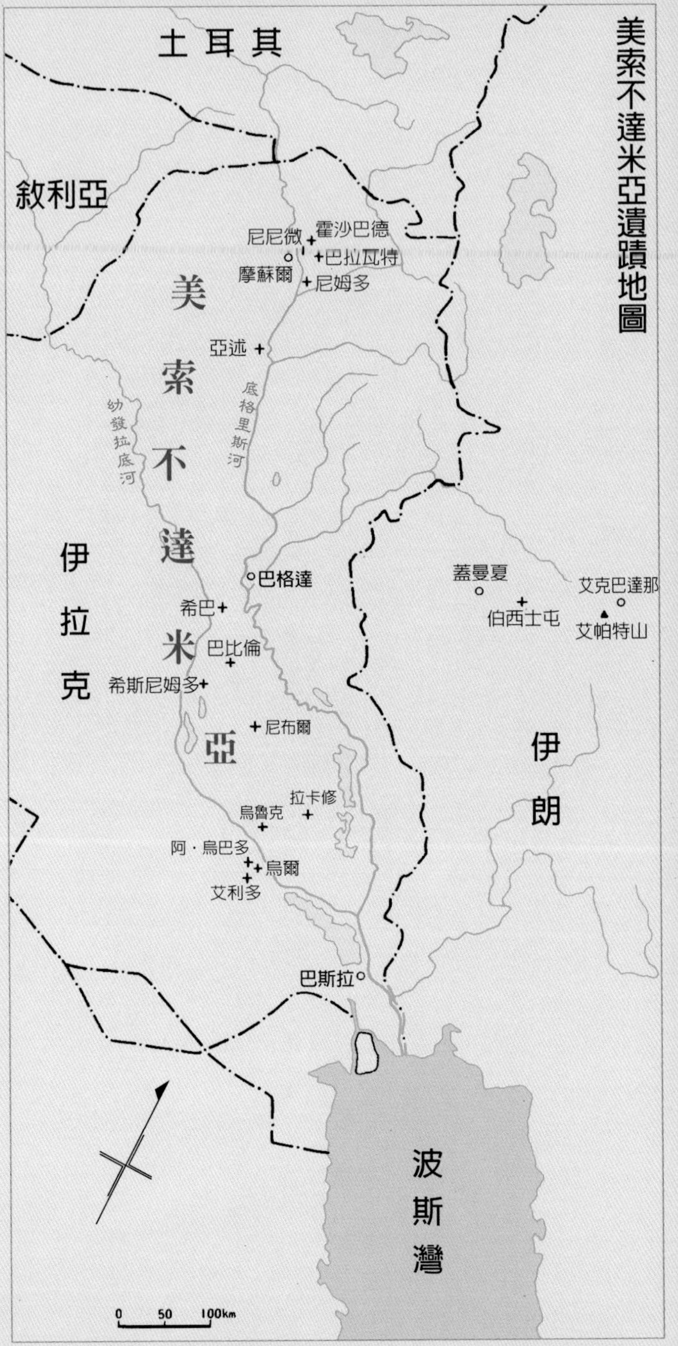
美索不達米亞遺蹟地圖
土耳其
敘利亞
伊拉克
伊朗
美索不達米亞
幼發拉底河
底格里斯河
尼尼微
霍沙巴德
巴拉瓦特
摩蘇爾
尼姆多
亞述
巴格達
希巴
巴比倫
希斯尼姆多
尼布爾
拉卡修
烏魯克
阿·烏巴多
烏爾
艾利多
巴斯拉
蓋曼夏
伯西士屯
艾克巴達那
艾帕特山
波斯灣
0 50 100km

附錄：世界四大文明展專輯

巴比倫王的石碑　黑色石灰石
刻有醫術女神葛拉與占星術之印
蘇薩出土　紀元前1300年

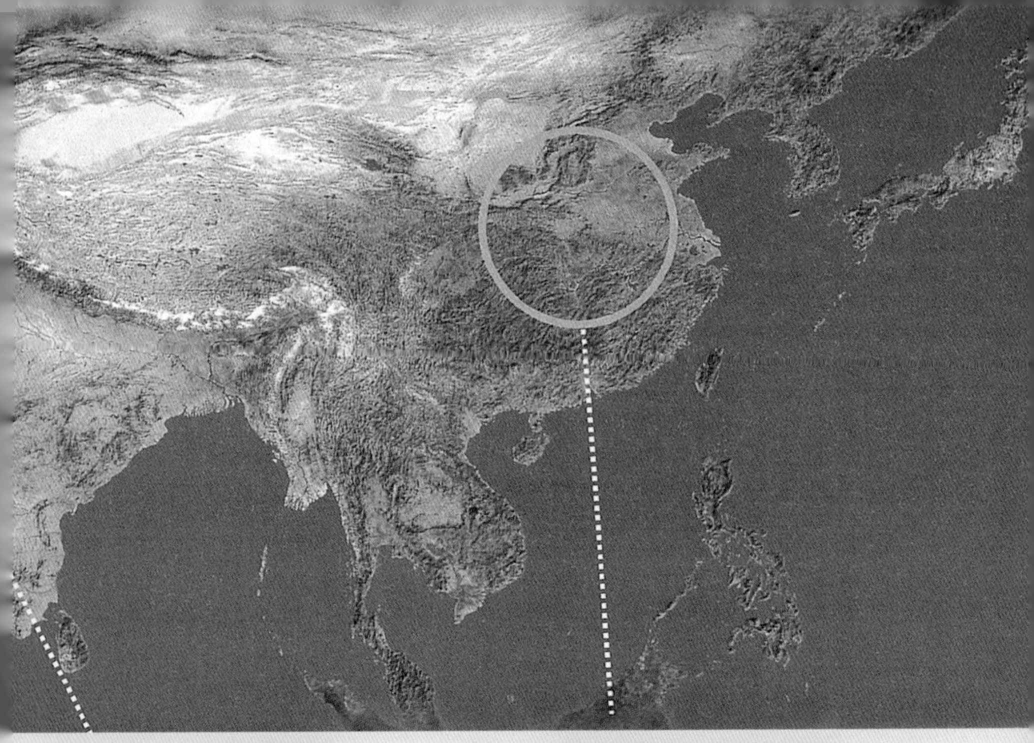

印度文明　7000B.C.
農耕、畜牧開始

中國文明　6000～5000B.C.
農耕、畜牧開始

文明展專輯

隨著全世界各地人們期待廿一世紀到來的時刻，日本特別企畫同時在四座美術館舉辦「世界四大文明展」，回顧人類遠古一千年的悠遠歷史，綜覽人類遠祖所建立的社會與文化藝術，以及了解過去的文明如何餘蔭人類的未來。世界四大文明展，包括：埃及文明、美索不達米亞文明（兩河流域）、印度文明（印度—恆河）、中國文明。其中的「美索不達米亞文明展」，將在明年三月巡迴至台北國立歷史博物館展出。本期專輯有圖文並茂的分析報導。

■ 藝術家雜誌編輯策畫 ■ 採訪攝影／方振寧
■ 圖版提供／東京國立博物館、世田谷美術館、東京都美術館、橫濱美術館

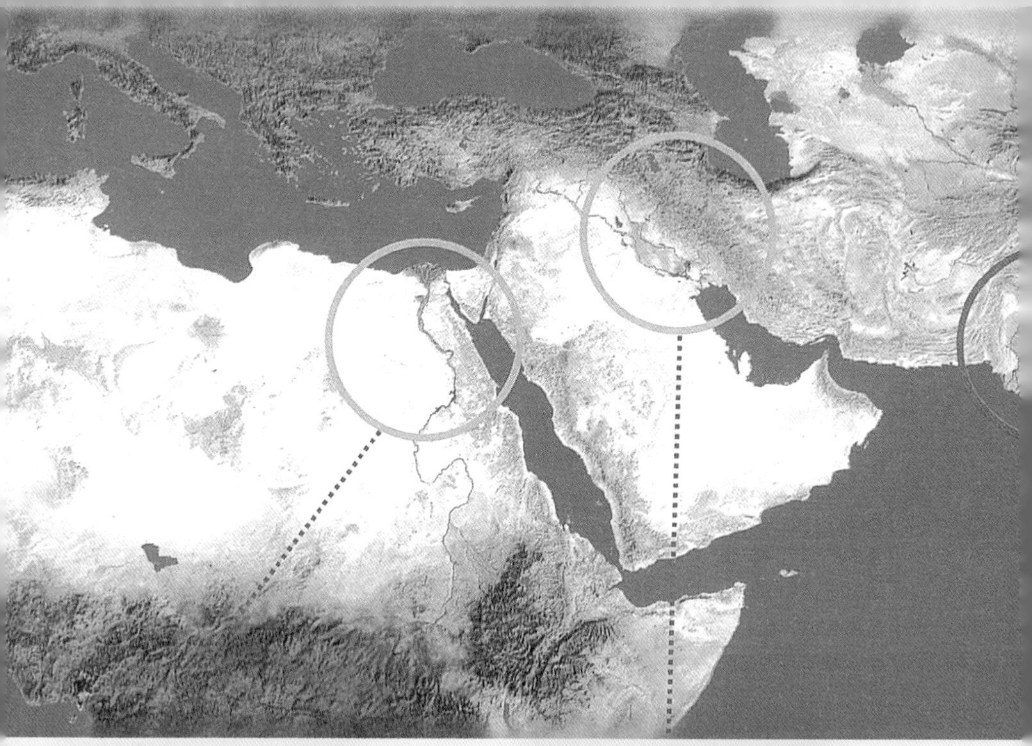

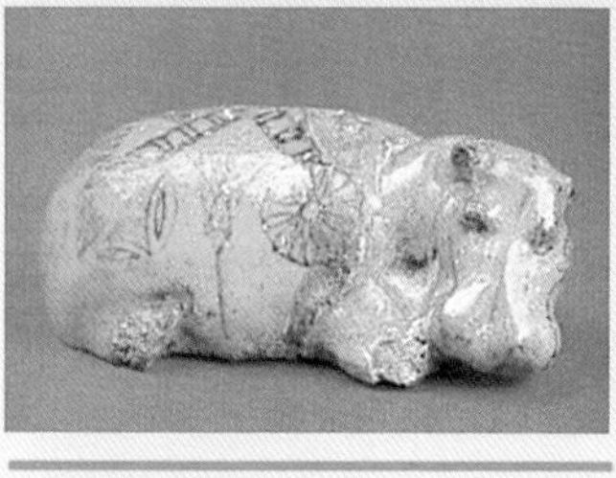

埃及文明　6000B.C.
農耕、畜牧開始

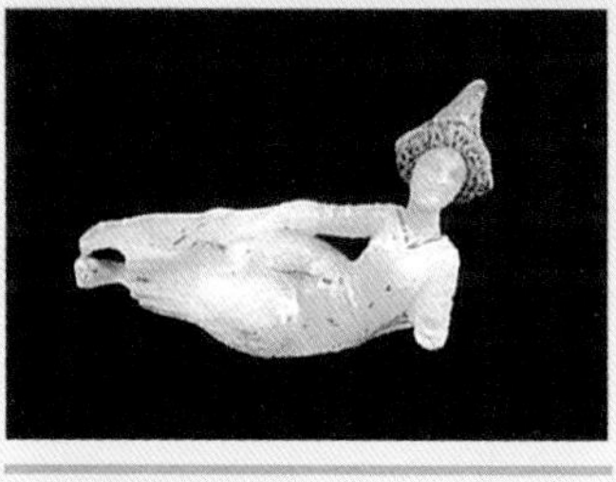

美索不達米亞　8500B.C.
農耕、畜牧開始

世界四大
World's Four Great Civilizations Exhibitions

世紀末回首世界四大文明

埃及、美索不達米亞、中國、印度文明展綜述

日本爲慶賀NHK放送七十五週年，從八月上旬開始，在東京、橫濱的四個美術館、博物館，包括東京國立博物館、世田谷美術館、東京都美術館、橫濱美術館，同時舉辦世界四大文明展。在此之前，NHK已經從七月九日開始，在電視中連續播放「NHK特集——四大文明」（五回系列）。這些特集的訊息量，應該說遠遠超過展覽會，儘管會場也有錄影解說，特別是那些用電腦製作的城市復原圖，讓人可以自由地在幾千年前的城市空間中遨遊。

當人類度過千禧年迎來新世紀的曙光，回首世界四大文明，會發現所謂四大文明，其實其中三大爲「亞洲文明」，發源地都在西亞、東南亞和東亞地區。埃及在北非的東北角，與西亞緊密相連，但是還有一隻腳跨在西亞的土地上。廿世紀由歐洲發源的近代工業文明廣被全世界，然而這種文明是早期人類文明的延續；在度過千禧年的時刻，展望廿一世紀，回首人類四大文明，讓我們有機會站在人類已經構築的社會和文化的基礎之上，展望未來。

NHK實現這次史無前例的大型策畫，不只是在日本，即使在世界任何地方都沒有舉辦過，這是一次質量均高的文化活動，可見日本對世界文明和文化的高度重視，並可利用這個機會對青少年進行普及教育。這次展覽除了在東京和橫濱地區展出之外，還將在日本九個地方的美術館、博物館巡迴展出。

文明之概觀

日本國立民族學博物館顧問、京都大學名譽教授，亦本次展覽綜合監修的梅棹忠夫，爲四大文明展撰寫的前言中，第一句話便是：人類的文明，絕不是一條坦途。

舊世界以歐亞非大陸爲主的文明衝突的特徵是，從亞洲的東北部開始橫斷大陸地區，移動方式是自北非廣大的乾燥地帶向中亞方向，這些沙漠民族向游牧民族出擊，威脅著周圍定居的農耕民族社會。經過幾千年，游牧民族和定居農耕民族產生激烈衝突和摩擦，現在我們所看到的四大文明，便是這種衝突和摩擦的結果。我們回首人類文明榮光的過去，爲的是今天繁榮的文明，和爲創造未來的文明充滿信心。

新石器時代以後，這四大文明爲適應各地區的生存環境而展開。然而這四大文明並非獨立存在，它們透過海路和陸路等方式交通，並有貿易的相互交流、相互影響。在這次四個展覽的展出作品中，可以看到這些交流的痕跡。目前對

展覽入口處展示〈石辟邪〉　後漢　方振寧攝
遺址與今日農田　展覽會

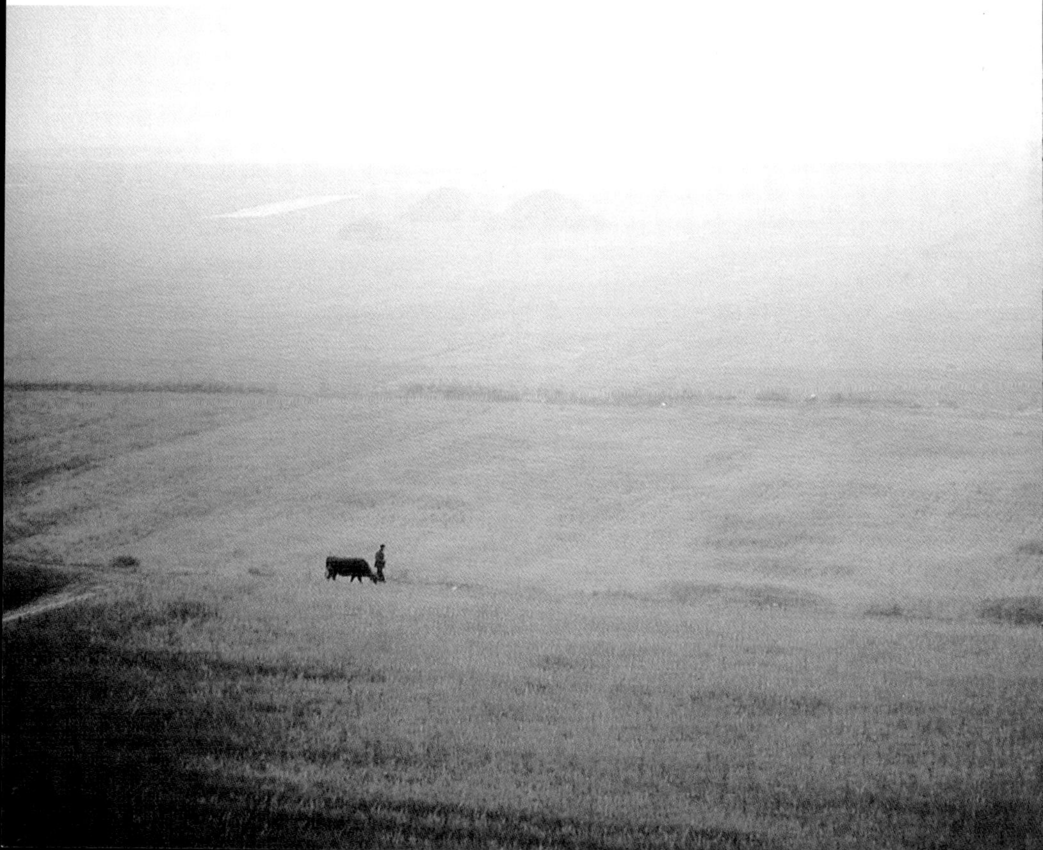

這方面的研究還在繼續中。

展覽會上有一幅每個展覽都共有的，衛星拍攝的橫長地圖，上邊特別圈出四大文明的地理位置。從地圖上看，四大文明在緯度上非常接近。地圖下邊則簡略地列出，西元前三千年到一千年之間，各文明發生時間帶的橫向比較，觀衆得以一目瞭然。

各文明之比較

所謂世界四大文明，從規模上，其他三大文明可能都無法與埃及文明相比，特別是那象徵人類偉大功績的金字塔。而美索不達米亞文明，對人類最主要的貢獻則是制定了第一部憲法《漢摩拉比法典》，從此人類開始覺悟到，秩序對於社會和國家的重要性。

中國文明在這四大文明中，是持續最久的文明。這些文明雖然在西元前後均有過輝煌的過去，但是到西元一千年左右，其他三大文明都明顯地崩潰，唯有中國文明在西元一千年以後繼續發展。其中雖然曾有與外來勢力及和漢族以外民族的抗爭，但是從漢帝國以來建立的國家持續和高度的文化，一直對後來的社會產生持久的影響。中國最突出的貢獻是最大限度地發揮和挖掘出人的創造智慧。

埃及文明中高度的樣式美很難被異文化同化，雖然埃及文明在末期王朝時期崩潰，但是他在數學和幾何學方面的貢獻，對以後的希臘羅馬發生巨大的影響。將這些科學繼承之後，歐洲人走出了黑暗，而美索不達米亞那種易被接受的文字和美學，對後來的歐洲文化更在視覺美上有過影響。

印度文明發生得晚，結束得早，而印度文明最突出的特徵是，將高度的智慧普及到民間，那些充滿智慧的玩具和博具，對中國以及其他東亞國家有相當的影響。雖然印度的彩陶沒有美索不達米亞彩陶那樣精彩，然而印度人在製作裝飾物品時，對自然材料的選擇和研磨，應該可以說是難以企及。

地理・民族・文明

世界四大文明都發源於大河流域，世界上其他地區的小河也不同程度地發展出次文明。縱觀文明發源地圖，雖然四大文明在緯度上極爲接近，但是河流的流向卻極不相同：埃及的尼羅河是由南向北；美索不達米亞的底格里斯河和幼發拉底河（簡稱兩河流域），則是由西北流向東南方向；印度河是由北向南；而中國的黃河和長江是由西向東。

美索不達米亞雖然也是有兩條河流，但是中國的兩河卻顯示出兩種不同的性格：黃河被認爲是陽剛的象徵，而長江則是陰柔的載體，兩條河流產生出互補的文化，使得中國文明的遺產形式豐富多彩。

此外，中國文明還有著其他文明所沒有的複雜性，例如，以漢民族爲中心，在中原紮根立足中國，但它在很長一段歷史中，不斷受到來自三個方向文化的影響：北方有鮮卑族南下，西方有游牧民族東進，西南方向則有佛教的北上，加上源遠流長的路上和海上絲綢之路，使得中國不斷處於與異民族交往、和異文化融合的流動社會格局，無論是市民文化還是宗教信仰，都不斷改觀再改觀。

印度就單純得多，可見一個國家經歷的豐富也帶來文化的多維，儘管並非出自主觀意願，但客觀上人們無法逃脫面前的現實，文化就是一種文明相衝突的結果。另一方面，儘管古代交通工具非常落後，但這四大文明之間的交流，卻比我們想像得頻繁，這也正是考古學家們正專心考察的問題。

開幕式盛況

▼漢摩拉比法典

金字塔·尼羅河畔永遠的謎

「埃及文明展」概述

■引子

「埃及文明展」要比其他三個展覽提前兩天舉行，地點在東京國立博物館內的平成館，是剛剛落成不久的新館，無論是建築設計本身和室內設計，都爲這次展覽提供了非常理想的展出環境。

埃及展佈置得也非常有氣魄，開幕式至少來了千人左右，埃及特地派文化部長前來剪綵，而且發表了較長的賀詞。顯然，埃及爲能在世紀末文明程度很高的東亞國家——日本——展出自己古老文明的歷史感到高興。

兩個俘虜的頭部雕塑　閃綠岩　25.5×46.2×20cm　2650-2610B.C.（古王國第3王朝）

展覽得到埃及考古廳的特別協助，其展覽規模和內容均凌駕於以往歷次埃及展之上，由包括在日本首次公開的黃金面具等一百廿三件珍品構成這個展覽。

整個展覽分五個部分，其一是法老王的興起——古王國時代；其二是法老王的昌盛——中王國時代；其三是法老王的榮光——新王國時代；其四是法老王的交流——末期王朝時代；其五是法老王的光輝——黃金的遺產。

■興盛的古王國時代：建造金字塔之謎

大約在西元前三千年左右，西亞的埃及人受到尼羅河的恩惠，建造了巨大的金字塔和壯觀的神殿，這就是古代埃及文明的象徵。人們相信這是由於神的力量，並且相信來世可以再生復活，所以在神殿和墳墓中，以鮮豔的壁畫、雕刻和精緻的道具做爲殉葬品。

走近第一展室，〈卡弗拉王的坐像〉（2610-2490B.C.）非常醒目，他是建造埃及第二座金字塔的國王，這座雕像是在第二座金字塔的河岸神殿中發現的。

〈兩個俘虜的頭部雕塑〉（2650-2610B.C.），是從金字塔周圍內部的豎穴中發現的。從外觀上看兩人是異國俘虜，左邊是亞洲人，右邊是利比亞人，這個雕塑被確認爲國王墊腳的石頭，由此表示強大的王權。

〈建築家卡爾姆赫塞特的家族像〉（2490-2300B.C.）被認爲是當時一流雕刻家製作的國王所屬的建築家雕像，特別有趣的是夾在兩人之間的幼兒，這座雕像是衆多家族像中的最高傑作之一。

〈神官拉維魯三組〉（2490-2300B.C.）這個被埋葬的神官拉維魯三組是一個人，從髮型可以看出兩邊人物有區別。爲什麼同一個人物做三個，至今學者們也不明白其眞實意圖。

〈宰相尼菲・塞傑姆塞加彩色浮雕〉（2490-2300B.C.）是彩色浮雕的一部分，上下兩段分別表現供物的男性們。這是傳統的構圖方式，雖然兩組行列方

卡弗拉王的坐像 -119.6×43×79.1cm
2610-2490B.C.（古王國第4王朝）

建築家卡爾姆赫塞特的家族像　彩色石灰岩　53.9×37×42.4cm　2490-2300B.C.（古王國第5王朝）

神官拉維魯三組　彩色珪岩　61.1×41.9×20cm　2490-2300B.C.（古王國第5王朝）

宰相尼菲・塞傑姆塞加彩色浮雕　彩色石灰岩　41.3×102.6×10.9cm
2490-2300B.C.（古王國第5王朝）

向不同，但是領隊的男性均手持椰棗樹葉，後邊有押隊者，整個隊列井然有序。

沒有人不知道金字塔，然而也沒有人知道金字塔的眞實。至今爲止，我們僅知道金字塔的底邊長二三〇公尺，高一四七公尺，使用石頭的數量有三百萬個，據推算重量爲六百萬噸，傾斜角五十一度五十二分這個數字最爲有名。但是有關金字塔製造的目的，以及建造方法的資料至今未有進一步發現，儘管多少年來，人們作出無數的猜測和論證，都沒有完全說服世人。有人說是出於政治理由，有人說是出於宗教目的，有人說是國王之墓……，然而都未能提供有力的證據。

埃及有許多金字塔，從六十座金字塔中發現的遺物，包括那些木乃伊，都沒有發現任何與金字塔建造和目的有關的資料。當人們發現被古代封住的石棺，打開一看，卻發現裡面全部是空的。出於什麼目的安置這些石棺？在埃及廣闊的沙漠中，還有五十座金字塔沒有被考察，也許當考古學家將這些金字塔全部調查之後，會發現解開金字塔之謎的資料，然而這只是一種願望。考古學家們還把希望寄託在現代科學技術的進步，比如透過解析人造衛星發回地球的數據，來破金字塔之謎。凡此種種，正是由於金字塔之謎未能解開，所以在四大古文明中，埃及金字塔是最具魅力的建造物。

圍繞著金字塔的建造，還展出了許多與建造金字塔有關的殉葬用雕塑，有供物台、製啤酒的女性、篩粉的女性、作壺的工匠、捻粉的女性、屠牛的男性等等。幾件同時期的〈神官假門〉（2300-2180B.C.）非常精彩，無色薄而精緻的浮雕、有秩序的象形文字和人物的穿插排列，是人類平面設計最早的傑作。

■昌盛的中王國時代：國政充實拓展農地

中王國時代是古代埃及歷史中，內政最爲充實的時代。歷史顯示在不斷建造古王國時代那種金字塔的情況下，國家消耗了大量財富，結果導致國力喪失、國家衰亡。然而在中王國昌盛時期，國家權力沒有那麼集中，使得富裕擴大，施政者關心的是那些百分之九十九從事農業的農民們的生活。當時的國王主張公共事業，而建造那些巨大的金字塔也成爲這種事業的一部分，國王認爲人民像居住在一個巨大的家庭中。同時農地開墾不斷，而氣溫變暖使得人口增長、生產力向上，特別是水路獲得整頓，成功開鑿了與尼羅河相接的運河，不但得以灌溉農田，也連帶擴展了交通，使得中王國時代的生產量飛躍增加，人們爲

神官假門　彩色石灰岩　69.7×41.5×16.7cm　2300-2180B.C.（古王國第6王朝）

富有的生活而感到滿足。

〈奈菲魯特王妃坐像〉（1990-1785B.C.）是座黑色花崗岩雕像，在展廳中吸引了許多觀眾，一是她那左手搭在右臂上端正的坐姿，二是那聖蛇狀厚重的髮型，莊嚴而神聖。

另外就是一對〈Dedusebek的供物桌〉（1990-1785B.C.），由灰色花崗岩製作的黑色供物桌，是爲死者製作的，桌面上

Sesostris一世國王的祠堂
黑色花崗岩
174.4×80×91.8cm
1990-1785B.C.（中王國第12王朝）

奈菲魯特王妃坐像　黑色花崗岩
165×51×99cm　1990-1785B.C.
（中王國第12王朝）

刻有供奉用的牛頭、牛的前腳、牛肉塊等形象。而另外一件同樣大小的白色供物桌，是由雪花石膏材料製作的，桌面上紋樣的構成基本上與前者相同，但供奉目的不同。這是爲Sesostris一世國王準備的，上邊刻有供養文和國王的名字。

Dedusebek的供物桌　灰色花崗岩　57×72×22.7cm　1990-1785B.C.
（中王國第12王朝）

〈Sesostris一世國王的祠堂〉（1990-1785B.C.）由黑色花崗岩雕刻而成，這個頂部前高後低的祠堂造形，是埃及典型神的神聖場所，正面入口的門扉敞開，象徵著天空，正面上部刻有有翼太陽，入口兩側刻有銘文，整個形象厚重而神聖。

托托門斯三世彩色浮雕
彩色石灰岩　57.5×83×37cm
1565-1310B.C.
（新王國第18王朝）

■榮光的新王國時代：巨大神殿的建造

不知道古代埃及人，是如何建造世界上最大的路克索（LUXOR）的卡納克神殿這樣巨大的建築？如果按照現代人的推測，一個殿就要建造上百年的時間，而且卡納克神殿在二千年間一直不斷擴建，這些奇蹟讓世人震驚。

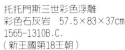

然而我們不清楚，這些神殿爲什麼目的而建造？神殿和葬祭神殿有什麼區別？古代埃及有一千個以上的神，爲了供奉他們而在地上建造了神宮，一個神殿中至少有一百人以上的神官。諸神是我們普通人無法看到的來世的形象，所以用石材和黃金表現他們的身姿，這就是所謂的神像，而神居住的地方叫祠堂。在那裡向神供奉麵包、肉和蔬菜。神殿由國家直接管轄，新王國時代供奉新的國家神，路克索西岸的女王葬祭神殿非常宏偉，它那具有極簡風格的建築樣式，對今天德國系建築家仍然有著強大的影響力。

在展覽的這一部分，路克索西岸出土的〈托托門斯三世彩色浮雕〉（1565-1310B.C.），是新王國第十八王朝時代的

蛇神之碑　黑色花崗岩
161.8×39×22cm　1565-1310B.C.
（新王國第18王朝）

喬烏亞的烏夏布蒂　木雕貼金
26.7×7.8×6cm　1565-1310B.C.
（新王國第18王朝）

奈菲魯蒂蒂王妃頭像　石灰岩
36.2×19.6×19.6cm
1565-1310B.C.（新王國第18王朝）

阿馬魯納王宮彩畫　103.3×153.3cm　1565-1310B.C.（新王國第18王朝）

作品，色彩極為鮮豔地被保存下來，這是波蘭考古隊一九六二年發掘出來的彩色浮雕，端正的面容是當時理想化國王的形象。

殉葬品木製貼金雕像〈喬烏亞的烏夏布蒂〉（1565-1310B.C.），是美國考察隊於一九〇五年二月在王家之谷的第四十六號墓中發現的。雕像身體下部刻有從《死者的書》中摘錄的九行文字，像本身是為了奉獻給來世主人的殉葬木雕。

至於〈蛇神之碑〉（1565-1310B.C.）這件黑色花崗岩雕刻，則極具有神祕色彩和力量，中央部分有一條突出來的大蛇，兩邊刻有銘文，這是蛇神神殿的供物。埃及古代雕刻中，半現實形象和文字並存的表現成為一種獨特的樣式。

由石灰岩雕刻的〈奈菲魯蒂蒂王妃頭像〉（1565-1310B.C.）是一件難得的未完成品，頭像中間還殘留著黑色的線條，頭和額的部分已經完成，而口、眼和鼻的細部還沒來得及精雕細刻，特別是未經研磨。透過這件作品，可以類推那種時代雕刻的構成和製作過程。倒是這件未完成品，有著印象派雕刻所追求的風韻，特別是王妃的眉宇之間和極性感的嘴部，是這個不大的雕刻頭像的精華。

〈阿馬魯納王宮彩畫〉（1565-1310B.C.）是在阿馬魯納王宮地面上發現的彩畫，描繪尼羅河畔自然的光景，特別是畫家捕捉住水鳥從草叢中飛起的瞬間，可以看到那時已經有自然主義傾向的美術。

〈軍司令官Ry的金字塔〉（1565-1310B.C.）由石灰岩雕刻而成，正面用浮雕表現被葬者Ry和妻子，均舉雙臂做信仰太陽神的姿態。這種形式是建造新王國時代貴族墓時，安置在金字塔頂部的小金字塔。

然而由黑色花崗岩雕刻的〈宰相Khay方形雕像〉（1310-1170B.C.），則具有象徵風格，在雕刻語言上結合了浮雕的形式，外形單純，特別是兩隻手的表現，對廿世紀抽象雕刻有著直接的影響。特別是像布朗庫西和亨利．摩爾這些雕刻大師，想必都從埃及雕刻中學到純粹的雕刻語言和手法。

此外，表現節日氣氛的〈描繪祝祭場面的浮雕〉（1310-1170B.C.），是新王國第十九王朝時代墓室壁畫的一部分。與古王國時代的浮雕比較之後會發現，新王國時代的表現更

軍司令官Ry的金字塔　石灰岩　48.5×40×47.5cm　1565-1310B.C.（新王國第18王朝）

爲活躍和充滿生活氣氛，而脫離了那種裝飾概念的表現形式，爲以後波斯和希臘瓶畫的繪畫表現提供了範本。

■末期王朝時代：

埃及文明影響周邊

埃及的領土橫跨亞非兩大洲，面積爲一百萬平方公里，但是其中有百分之九十五的土地是沙漠，僅北邊是地中海，東邊是紅海。埃及文明主要發源於尼羅河兩岸的綠洲，雖然埃及被廣闊的沙漠所包圍，有著典型的沙漠型氣候，然而實際上卻是一個海洋國家。先王朝時代透過北邊的地中海，受到過西亞文明的刺激；又透過紅海受到兩河流域文明的影響，從先王朝時代的彩色紋樣土器的

宰相Khay方形雕像
黑色花崗岩
74.2×34×52cm
1310–1170B.C.
（新王國第19王朝）

圖案可以窺見一斑。由此可見，埃及文明的產生，不是處於一個封閉的狀態，而是從很早就與其他地區進行交流。但其正式的交流是從中王國時代開始，新王國時代之後這種交流更爲廣泛，可見那時埃及的版圖也相當大。

有著富裕國土的埃及，在接受外國人方面顯得寬容，因此，西亞和波斯，以及希臘人不斷進入埃及，曾經出現過外國勢力佔領埃及部分領土的現象。但是學者們認爲，具有高度文明和獨特文化的埃及，包括宗教和美術樣式，只能對那些落後的民族和地域產生影響。我們知道，希臘和羅馬的文化就是在埃及文明的影響下形成的。

〈彩色木棺和內蓋〉（1070-945B.C.）是一八九一年被發現的，原來是爲神官所做的內棺，但外棺也存在，從這些棺上的裝飾繪畫可以看到古王國時代延續下來的傳統樣式。但是追求色彩豐富和世俗化，應該說是末期王朝時代的特徵，在雕塑的語言方面也失去力度，塑造人物和動物結合的神像開始流行，那些路克索西岸的墓室壁畫和天頂畫，可能暗示著繪畫的成分開始佔上風，而且出現大量的裝飾圖案。

■黃金是永遠的象徵

晚期埃及文明的主要特徵是黃金文

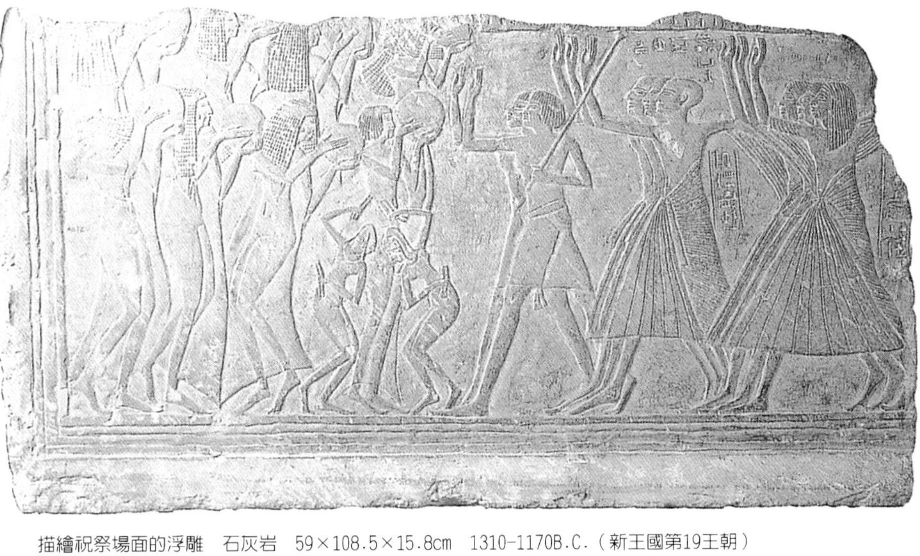

描繪祝祭場面的浮雕　石灰岩　59×108.5×15.8cm　1310-1170B.C.（新王國第19王朝）

明，有傳說法老王一人擁有近兩噸的黃金，他用這些黃金製作各種各樣的東西。黃金被視爲重寶的背景是，首先黃金具有光輝的魅力，埃及人把他等同於太陽的光輝，因此黃金成爲太陽神的化身。然而，黃金又是當時世界上唯一不腐爛的金屬，因此它是永遠的象徵。法老王製作了黃金的冠，還用黃金裝飾自己，當身著這些黃金飾物接見外賓時，那閃閃發光的黃金，象徵著法老王自己的光輝。

黃金還可以映照青、赤和綠等色彩，所以被貴族廣泛地使用，也由於黃金不腐蝕，所以它成爲製作木乃伊面具的最高材質。根據專家們推斷，當時的埃及人不計其數地使用過黃金。

展覽最後部分的精品是黃金面具展示，其中從塔尼斯第三中期的王墓中發現的〈普斯塞尼士（Psusennesl）一世的黃金面具〉（1070-945B.C.），是覆蓋在第廿一王朝三代王木乃伊的臉上，全金製造，極爲精

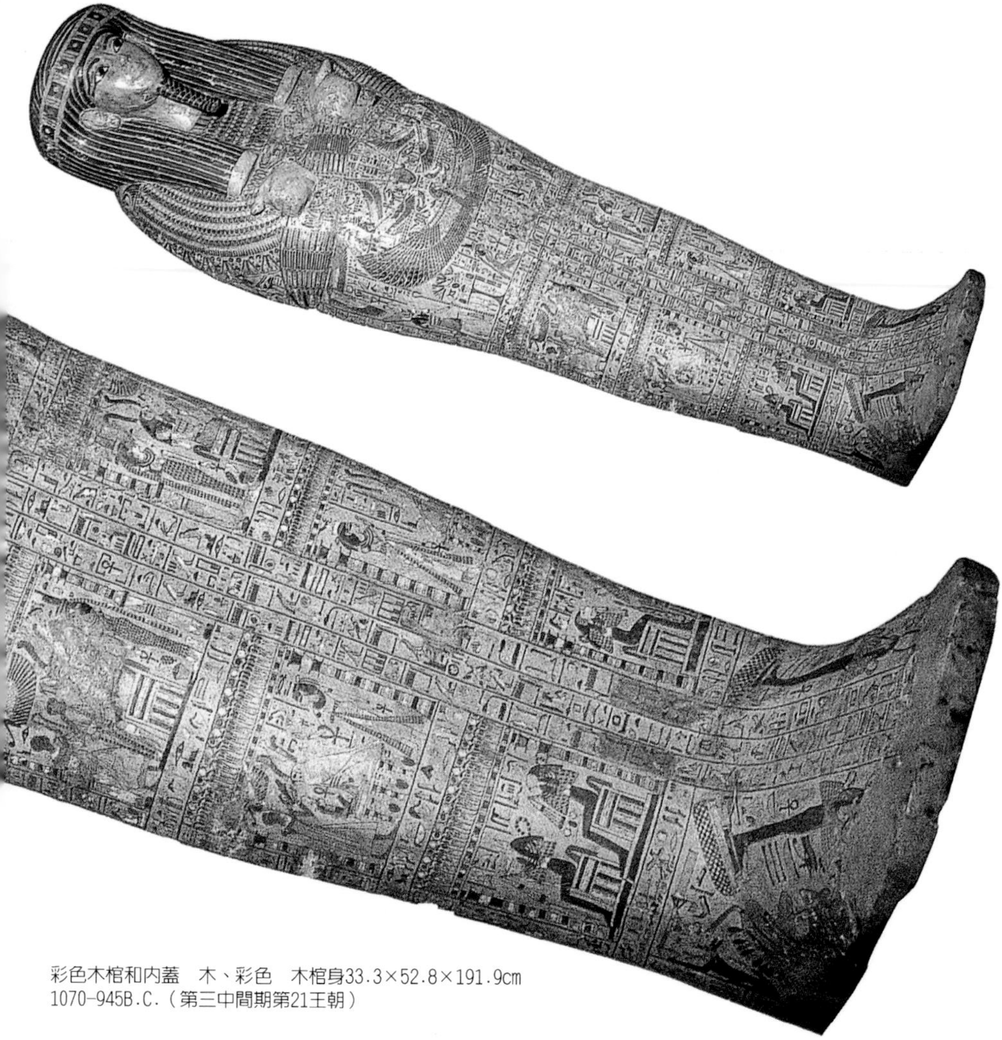

彩色木棺和內蓋　木、彩色　木棺身33.3×52.8×191.9cm
1070–945B.C.（第三中間期第21王朝）

巧，僅有〇．六公釐厚，眼睛周圍和眉毛則爲有色玻璃製造。

黃金和其他一些寶石製作的胸飾、項鍊、頸飾、腕飾、容器和拖鞋等等展品，可以說是埃及文明中登峰造極的工藝技術成就的代表。

■縱觀埃及歷史和美術的變遷

看完整個展覽，兩條主線清晰地浮現在眼前：一條是埃及王朝的變遷，印證埃及文明是在初期王朝時代統一埃及之後形成的。金字塔雖然至今還是一個謎，但是它的存在顯然是做爲國家的埃及之歷史可以明確延續下去的最重要特徵。中王國時代內政和農耕兩項事業的發達，爲國家的穩定發展打下基礎；新王國時代巨大神殿的建造，顯示出強大的國家權力至高無上；然而末期王朝時代，由於不斷被周圍國家如波斯和羅馬所征服，幾乎看不到古王國時代法老王的權威，文化呈現出貧弱的多維狀況。

另一條是埃及美術的變化。根據主辦者指出，這次展覽最

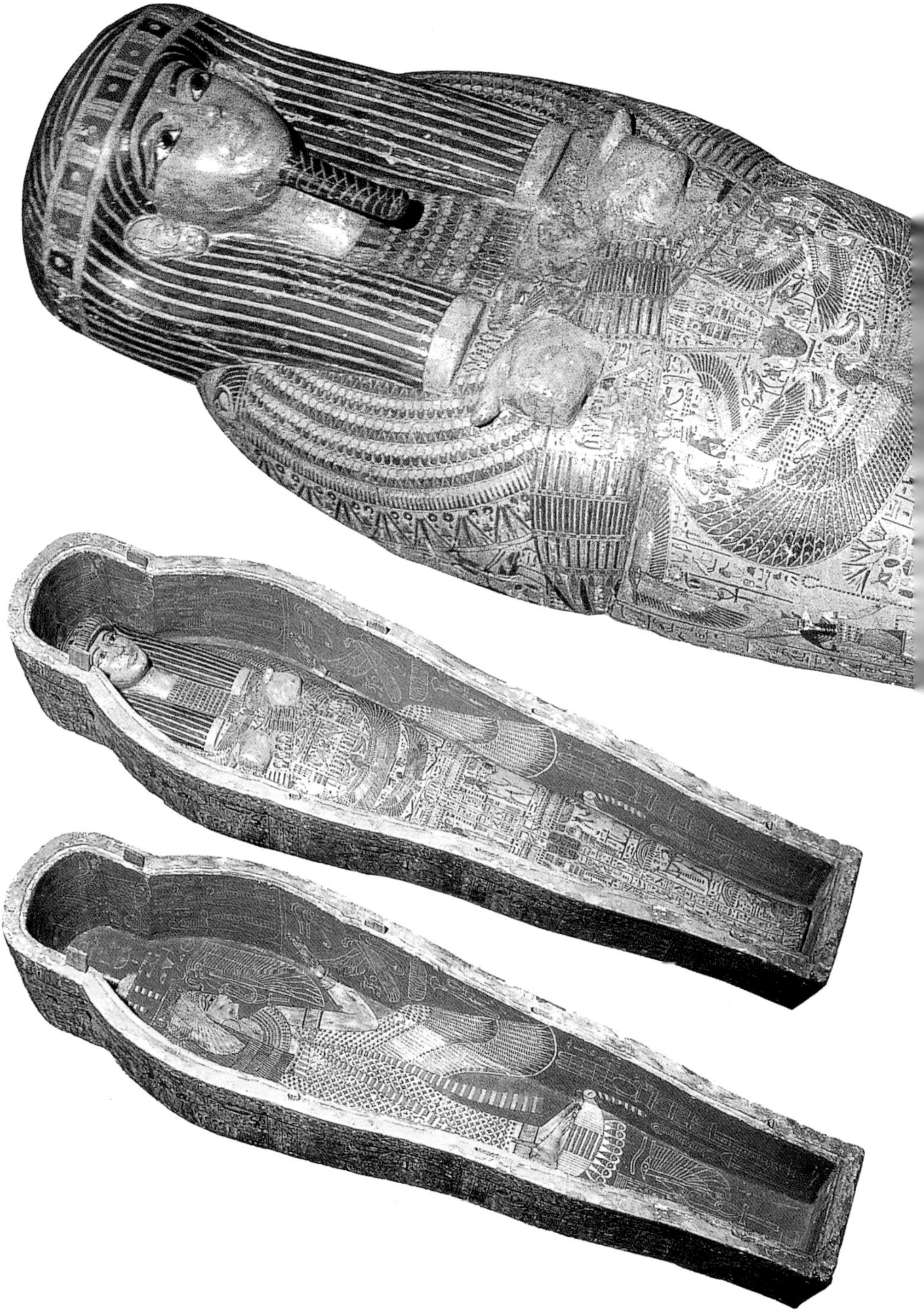

難的工作是在平衡各時代的代表展品方面，其間經過多次反覆選擇最後才搞定。透過簡略系統的展示，埃及美術的變化顯而易見。如果不是如此系統地過目埃及文明三千年的歷史，大概會被先入爲主的埃及觀所左右，亦即誤以爲埃及的藝術都差不多，沒有什麼太大的變化。其實不然。是的，埃及美術順守一種獨特連續的樣式，然而在這個基本不變的框架之內，隨著古王國時代環境、生活、宗教的變化，以及和外國的貿易往來，這種文化的構築曾不斷地更改其內涵。

圖坦卡門王的胸飾

如果概觀這些變化，可以把埃及的時空觀看做是從點向面，然後由面向空間發展。人類的誕生，是從個人走向家庭，從家族邁向共同體，以至發展成爲村落、城鎮，和更爲複雜的社會關係。

在日本已經舉辦過許多次埃及展覽，然而最能吸引日本觀眾的仍是埃及和中國的古代文化展，每每獲得相當的成功。然而日本的學者也認爲，日本文化與埃及文明有著間接的關係。因爲埃及文明透過美索不達米亞和印度文明影響中國，然後經過二千年到二千五百年的時間慢慢來到日本，特別是那些唐草紋樣，對日本文化那種相當深刻的影響痕跡處處可見。

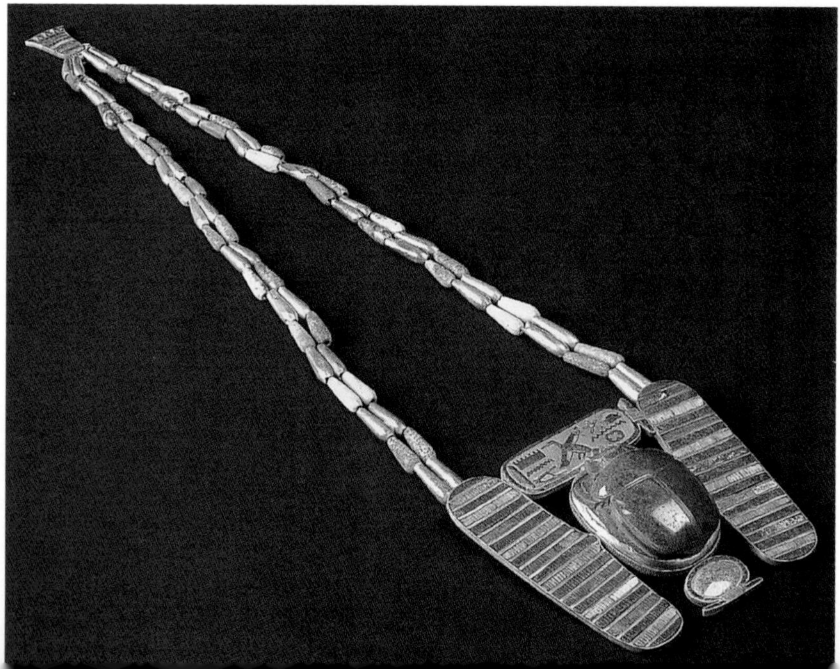
普斯塞尼士一世的胸飾
金、碧玉、玻璃
10.3×12.7×79cm
1070–945B.C.（第三中間期第21王朝）

普斯塞尼士一世的黃金面具　金、玻璃　48.5×36.2×26cm　1070-945B.C.（第三中間期第21王朝）

展覽在東京國立博物館内的平成館舉辦

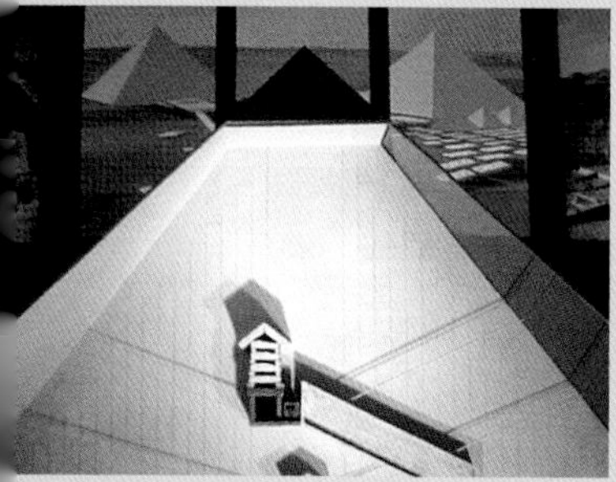

金字塔模型及復原錄影

一對供物桌

展覽會第一展室

石棺蓋

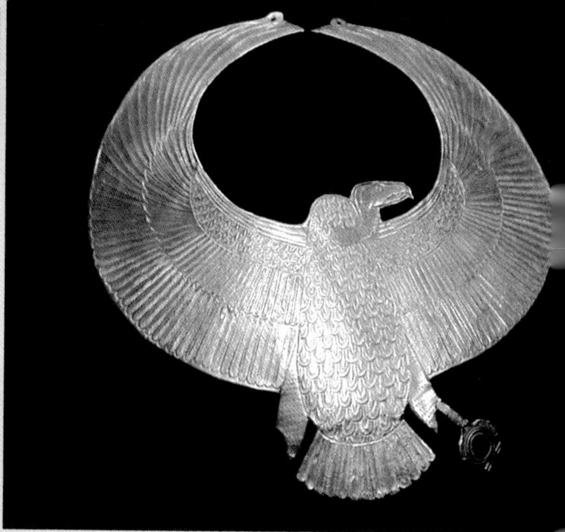
黃金鷹襟飾

軍司令官Ry的金字塔

神官尼菲，塞傑姆塞加彩色浮雕的假門（局部）

從一粒麥種開始的文明

「美索不達米亞文明展」概述

遠古炎熱的太陽和洪水，在西元前三千五百年左右，底格里斯河和幼發拉底河（簡稱兩河流域）周圍的肥沃土地上，蘇美人由於採用灌溉農耕的方法提高了生產，構築了以神殿爲中心的城市國家。在那個時代已經有靠冶金、商業、土木、建築等專門職業維生的市民，由於城市的發展，偏遠地區人口向城市集中，使得貿易活動迅速發展。

這次展覽，主要是從西元前三千五百年左右的城市國家建設開始，到西元前三百年波斯的王朝滅亡爲止的展品。這些遺物曾對波斯和希臘有過重大影響。許多珍貴的展品來自擁有美索不達米亞重要收藏的法國羅浮宮美術館的收藏，最受人關注的展示品是《漢摩拉比法典》，這也是本世紀初被羅浮宮收藏以來，首次到國外展出。

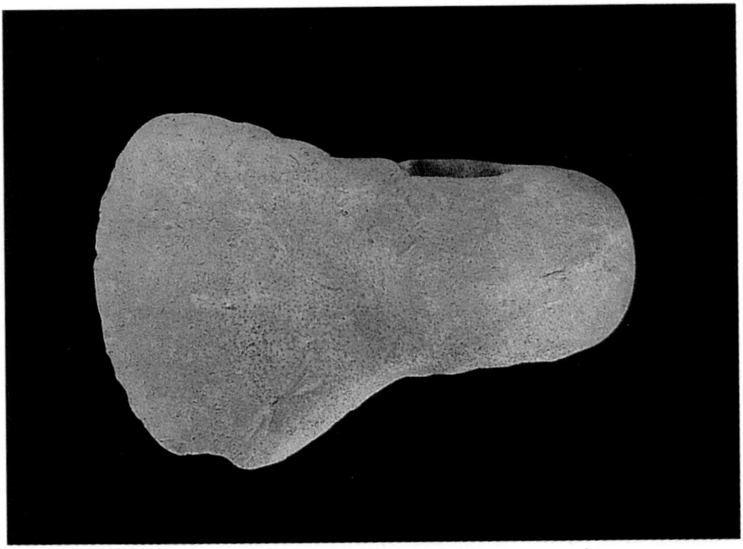

土製片刃斧　燒成黏土　高8.2cm、長13.3cm　4700-4200B.C.

文明誕生的基礎

西元前三千五百年，比世界任何文明都要早的美索不達米亞文明，在現在的伊拉克南部興起，然而它並不是突然出現的文明，在此之前，美索不達米亞北部肥沃的三日月地帶的土地，在西元前八千五百年左右就已有農耕和畜牧業的發展。先民們利用充足的雨水栽培植物，將野生的大麥和小麥改變成農作物的基

裸婦小像　高8.3cm、寬6.2cm　6000-5100B.C.　敘利亞北部

本品種，同時還將野生的羊和山羊圍起來飼養，用陶土燒製樸素的地母神像和動物小像，由此開始了人類的新石器時代。

接著北部的先民們開始向底格里斯河和幼發拉底河這些平原地帶移動，然後在南美索不達米亞的河流和沼澤地帶落戶，從此在低窪地帶形成農村部落，過著灌溉農耕和飼養家禽的生活。

不斷改革的工具促使農業技術進一步發展，隨之並有灌溉用水路的擴大、人口的增加。那時已經開始製造像石器手斧一樣土石製的鍬，和收割麥子使用的土石製鐮刀，工具的發達促使小麥和大麥的產量增加。一粒麥種可以得到幾十倍的果實，人們說，美索不達米亞的文明是從一粒麥種開始。

農耕生產產生剩餘穀物，加上美索不達米亞木有物品而產生的需求，產生交易的條件，使得許多東西開始進口。爲了表示和計算交易品的數量，開始出現計算用的土製小球和圓錐形的物體，這些都爲文字的出現打下基礎。

除了農村部落之外，美索不達米亞還開始建造城市，據考古學家推算，那時已經出現居住四千人左右的城市。在城市中出現各種專門知識的專家，也誕生了建造神殿的建築家，以及進行灌溉治水事業的土木工程師，當然還有商人、陶器工匠、編織工匠等等。城市的中央部配置神殿，並由於防禦城市間的爭奪，開始有城市圍牆的建造，顯然隨之而來，軍事指揮家的出現是順理成章的事。

最古老的蘇美文明的發生

兩河流域下游的蘇美地區是世界最古老文明的開花地，即在西元前三千五百年左右，這裡的城市朝向巨大化發展，而且成爲與伊朗高原、印度、阿富汗等地進行貿易交流的據點，在兩河周圍建設城市，從東地中海、敘利亞等地進口木材、黃金、土耳其石、銅等許多美索不達米亞沒有的物質。蘇美城市國家的誕生和發展，在充滿著活力的同時，尋求與自然界調和的精神世界和宗教活動也迅速展開，在蘇美文學的敘述詩中有關於這方面的紀錄。例如國王向人敘述親友尋求永遠生命的情景、與苦難相逢的心靈之旅，以及爲了擺脫死亡的恐懼，向神進行祈禱的景象。在距今五千五百年前的蘇美人，對人性的探索是創造蘇美文明的源泉。

新蘇美的復興（2100-2004B.C.）

歷史學家們認爲，阿卡德人是美索不達米亞文明眞正的創造者，然而通史告訴人們，以南美索不達米亞爲中心的蘇美人，和居住在中美索不達米亞的阿卡德人，共同創造了早期美索不達米亞古代文明。而事實是，眞正強大的是阿卡德人，他們在初期王朝時代才眞正出現在舞台上，出現之後便將諸多城市，統一成美索不達米亞的阿卡德帝國，而且進行了東西遠征。

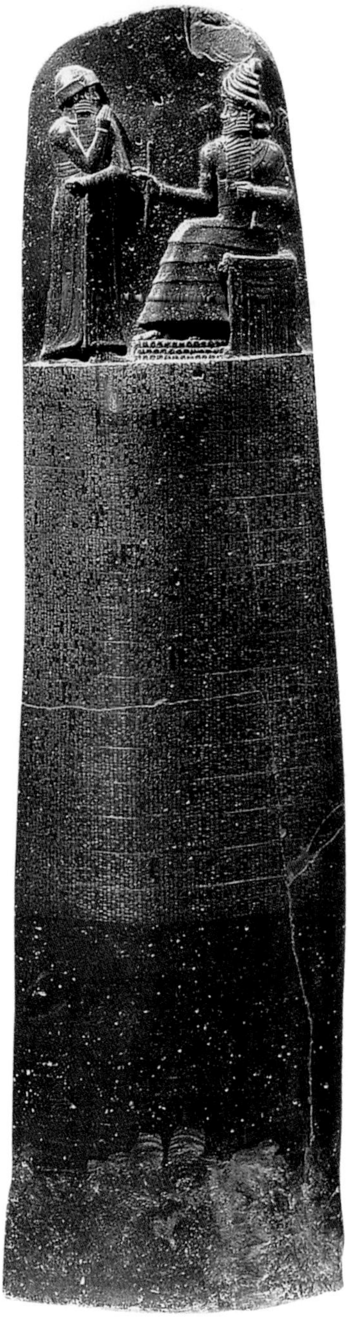

漢摩拉比法典　玄武岩　高225cm、寬65cm
1792-1750B.C.（漢摩拉比王治世）

[左頁]漢摩拉比法典（局部）玄武岩雕刻

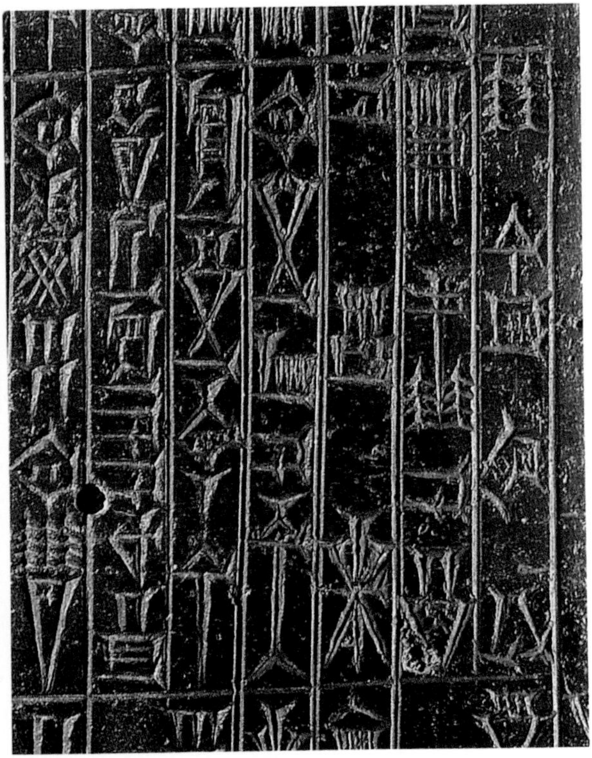

漢摩拉比法典石雕上的楔形文字

獅子頭部　高61cm、
長45cm　前18世紀
美索不達米亞

可惜現在對阿卡德帝國的實際狀態還不清楚。所幸現存羅浮宮美術館中的一些石雕遺物中，曾記載了當時阿卡德人的戰果。

新蘇美的復興之後，國王制定的法典是現在人們發現的最早法典。新蘇美人經過阿卡德時代，但並非簡單復活蘇美時代，而是創造了嶄新的文化。雕像材質從石灰岩製進化到黑色閃綠石的使用，寫實能力也大大提高，其中最重要的是用楔形文字記載國王的業績。這些一切以國王爲中心的藝術表現，反映了當時人們的生活和思考。

新的蘇美復興時間並不長，就受到外族的入侵，這些在美索不達米亞的興亡史中有著很大的意義。歷史學家們認爲還有一個原因，亦即由於城市的發展，同時並未更好地建設水的管理系統，以致出現鹽化現象，因此減少了穀物生產量，對人口大量集中在城市的生活構成威脅。特別是由於美索不達米亞的城市和王朝的發展，使得城市周圍的農民和農田減少，穀物產量驟減和土地的鹽化現象，使得蘇美人構築的高度文明社會迅速衰退。

巴比倫王國和新巴比倫王國

巴比倫帝國的建設在後來第四王朝漢

獅子頭部
高52cm、長40cm
前18世紀
美索不達米亞

摩拉比（1792-1750B.C在位）統治期間達到了繁榮的頂點，再次統一美索不達米亞。爲了安定國家，他制定了有名的《漢摩拉比法典》（約1760B.C.）。這個法典是巴比倫國王漢摩拉比（1792-1750B.C.）親自制定的，被法國考古隊於一九〇一至〇二年發掘出土，是現存世界上最古老的成文法典之一。法典正面和背面用高貴典雅的楔形文字刻有二八二條法典條文，這些是關於解決行政和司法方面各種問題的條文，高二三〇公分，寬六十五公分，石碑上部雕有漢摩拉比王，畫面顯現象徵正義的太陽神薩滿，正授予他象徵著王權的輪和手杖。整個石碑證明漢摩拉比王的賢明和公正。這件重要文物是羅浮宮美術館收藏之後首次出國展出。

漢摩拉比的巴比倫王朝於西元前一七五九年滅亡，侵略他的北美索不達米亞的馬里，在很長一段時間裡繼承著巴比倫的文化，並且繼續構築城市。但他在美索不達米亞各城市之間引發不斷的侵略戰爭，使得城市的守護神成爲各方爭奪的戰利品，《漢摩拉比法典》就曾經遇到過這樣的命運。新巴比倫王國中最有名的是巴比倫塔的建設，但是新巴比倫也並未和平繁榮多久即告滅亡。

結束古代文明的波斯和亞歷山大大帝

西元前三三二年從希臘的一個小國開始的亞歷山大東征，迅速征服了被地中海和黑海圍起來西亞洲的半島地區，以及埃及、美索不達米亞、波斯和西印

飛鳥裝飾壺
高9cm、直徑12cm
4000B.C.

響，而美索不達米亞古代文明的衰退則從亞述帝國後半開始。那時國王實行領土擴張政策，把自己國家那些沒有的東西據爲己有，同時由於進行戰爭，在國內實行很重的稅收政策，使得人民與周圍國家的自由貿易消失，最後不得不把政權讓給新興勢力。持續三千年的美索不達米亞古代文明開始衰退，但是隨後而起的希臘、羅馬社會，以及東方各國卻繼續了美索不達米亞文明的豐富遺產。

圓胴壺
彩文土器
高21cm、直徑最大30cm
6500-3700B.C.

美索不達米亞文字和藝術

雕塑

泥塑和雕塑是原始部落生活的自然產物，許多類似〈裸婦小像〉（6000-5100B.C.）這樣的泥塑，是西亞初期村落共同體經常出土的造形，強調女性身體的特徵，即多產之意。這種在人定居部落形成之後出現的造形，象徵著初期農耕社會的豐饒。

展覽上兩件正在咆哮的獅子頭部雕塑，原本是安放在神殿入口的地方，那張開的大嘴好像發出咆哮的聲音，獅子的猙獰和威嚴尤其表現得淋漓盡致。

亞歷山大時代的雕刻，帶有明顯的希臘寫實風格，特別是注重表現生活中的人物動態。

彩陶

西元前六千到三千七百年左右的彩陶，大多飾以幾何形紋樣，用黑褐色

圓筒印章：宴會場面與動物相鬥　貝殼　高4.1cm、直徑1.7cm　2500-2400B.C.

圓筒印章：女神伊南娜的聖獸　玄武岩　高4.1cm、直徑3.5cm　3100-2900B.C.

描繪圖案，十分樸素。除了在美索不達米亞南北地區廣泛使用之外，還經過波斯灣向沙烏地阿拉伯方面大量出口。這些彩陶後來直接影響了希臘瓶畫藝術。

楔形文字

蘇美文明時期，建造了許多城市，城市中工匠們製作了大量的奢侈品和雕刻，並且探索新的自然主義，這些均與新石器時代的潮流完全相反。由於城市的誕生，集團和社會的關係大爲改觀，爲了人間交流的需要而有文字的誕生，做爲語言和思想的視覺記號的文字系統。美索不達米亞誕生的楔形文字是對人類文明的重要貢獻，因爲在人類的歷史活動中，文字是一項重大的發明。另外，美索不達米亞的楔形文字屬於人類最早的平面設計作品，可以看到當時的平面美學達到極高的水準。

圓筒印章

隨著文字的誕生，美索不達米亞人進而開發了新的按印方法——即圓筒印章，從而取代

步行的獅子　彩釉煉瓦　高105cm、長227cm　580B.C.　巴比倫

了那種普通的印章。印章雕刻是西亞的重要技術，並從印章衍生出封泥，它的功能相當於簽名，屬於證明個人文書的物品。在阿卡德帝國時代的圓筒印章上，出現了更爲豐富的表現，比如精緻地刻畫女神禮拜的場面、英雄和動物相鬥的故事，以及神話的戰鬥圖。

浮雕

圓筒印章應該算是一種浮雕，另外還有一種陶土浮雕，以及用磚燒製成的磚浮雕。特別是那件巴比倫時代，用彩釉燒製的磚浮雕〈步行的獅子〉（580B.C.）顯示出很強的力度。輝煌的金銀器上也有浮雕出現，這些雪花石膏浮雕顯得非常高雅，無色扁平的面，浮出的外輪廓呈現出明顯的線條。建築上用石灰石雕刻的裝飾用石板，也是浮雕的一種，雖然年代不能準確確定，但可以了解到當時的裝飾水準。

楔形文字的黏土板　黏土　高4.1cm、寬4.6cm
3000B.C.

步行的獅子

走向展覽會場的走廊

人頭雄牛裝飾

▲復原的巴比倫遺蹟

▼蘇美中心都市遺址

奉納板

陶獅子模和型

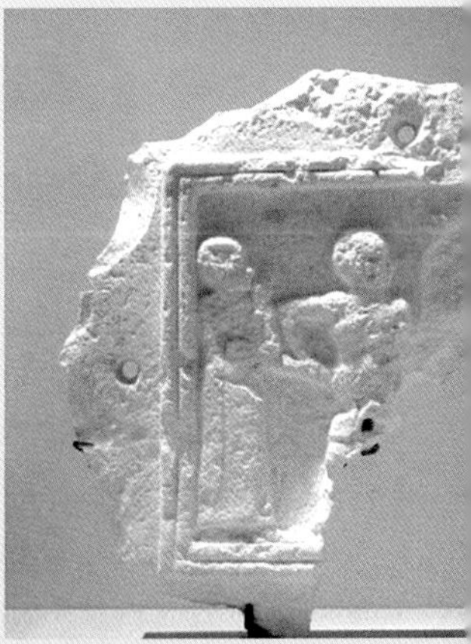

陶壺殘片

兵士的浮雕殘片

朝貢使節的浮雕殘片

有國王名字的彩釉瓦

陶浮雕展櫃

兩個臥女像

波斯的射手　彩釉陶浮雕

中國文明・亞洲的曙光

「中國文明展」概述

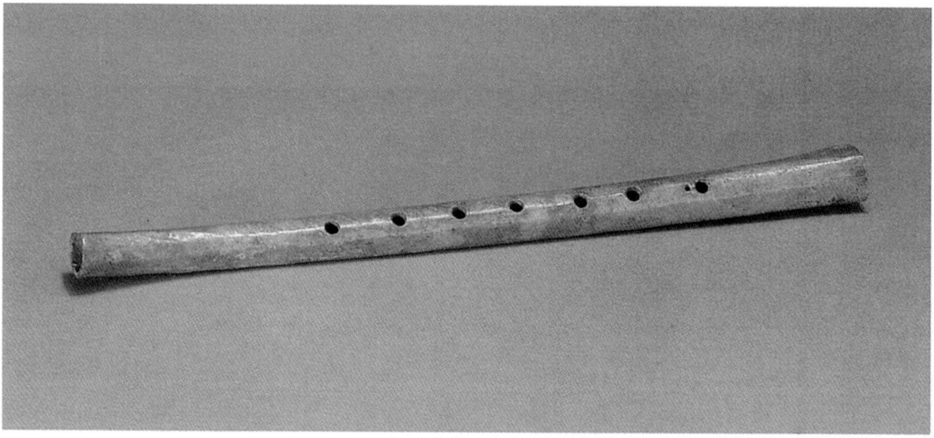

骨笛　骨　長22.7cm　新石器時代

豬紋黑陶缽　陶器　高11.7cm、口徑21.7cm、底徑17.5cm　新石器時代（河姆度文化）

在世界四大文明中，中國文明的出現，象徵著亞洲的曙光。它從貫穿亞洲廣闊流域的黃河和長江所萌生的文明，體現了大河五千年的恩惠。這次展覽以「與自然共生而衍生出衆多智慧的中國文明」爲題，以從未有過的新鮮視點，在千禧年之際，重新回顧中國文明的發生和延續的歷史。中國的兩大河流，從新石器時代開始形成城市，經擁有衆多

人面魚紋彩陶盆　陶器　高16.5cm、口徑39.5cm　新石器時代（仰韶文化）

人口的秦漢、隋唐，開創了中華帝國文明的歷史。

■新石器時代

一支骨笛的報曉

展覽是從新石器時代裴李崗文化的一支骨笛開始，這支橫臥在展櫃中的骨笛，距今已有七千至八千年，可能是用鶴的一根骨製作。笛子有七個音孔和一個小的調音孔，演奏法類似今天的豎笛，被認爲是中國最古老的管樂器。一支七千年骨笛的笛聲好像吹醒了東亞的黎明。

地理與文明的誕生

中國的文明像其他世界三大文明一樣，從兩條大河開始，也就是長江和黃河。中國的地形西高東低，所以決定了大河向東流；而大河的源頭在歐亞大陸最高的青康藏高原，它決定了這兩條大河的長度、河寬以及水速，綿延六千公里的大河奔向東海。幾千年來，在黃河和長江流經過的地方，便是中國文明的發源地。

文明的萌芽

中國的農業從西元前一萬年的新石器時代即已發展，但直到西元前二千年才出現城市文明的萌芽。所謂新石器時代是與舊石器時代相對而言，在舊石器時代中，人類是狩獵和採集植物的移動生活，在掌握了植物的知識和控制動物的能力之後，開始了農業生產。遺憾的是，至今人們還不了解中國農業的發生過程，因爲中國還沒有開始調查舊石器時代到新石器時代的遺址，人們仍期待著解開中國農業起源之謎。

魚紋彩陶盆　陶器　高17.5cm、口徑31.5cm　新石器時代（仰韶文化）

部落——人類最早的共同體

發展麥作和稻作、將野生動物馴養成家禽、用雙手製造彩陶、手做草筆繪製紋樣等，這些早期文明的活動，已經從發現的半坡和姜寨兩個部落遺址得到證實。它們展現了七、八千年以前人們生活的具體樣式。這些寨子被深溝所包圍，寨子裡邊有房屋、儲存糧食的倉庫、家畜飼養場等，他們過著共同農業、狩獵和漁業生活，中央廣場成爲交流的場所，人口有五百人左右，寨子外部的土壕顯然是爲了防禦人類的敵人所挖。根據考古挖掘顯示，以前這裡屬於亞熱帶氣候，而且還發現了獐和水牛等動物的骨頭，說明當時的氣候比現在溫暖和潮濕。

多彩的彩陶文化

人面魚紋彩陶盆　陶器　高25.8cm、口徑3.3cm、底徑8.5cm　新石器時代（仰韶文化）

陶鷹尊　陶器　高35.8cm　新石器時代（仰韶文化）

屬於黃河中上游的半坡遺址的彩陶，與美索不達米亞兩河流域，以及印度的彩陶相比，其數量、紋樣動勢、表現豐富程度，都遠遠在其他文明之上。彩陶紋樣的定位，可以看出當時的幾何學水準。而彩陶上還出現類似數學的符號和文字，是古人傳達信息的紀錄。

彩陶並不只是紋樣陶這幾種，仰韶文化半坡遺址出土的〈人面魚紋彩陶盆〉，人面和魚合體的形象，被認爲是夏王朝的創始人「禹」的化身。這是至今爲止發現的衆多彩陶中，最重要的一件。

同樣是新石器時代馬家窯文化的〈人形浮雕陶壺〉，將裸體女性雕刻在彩陶外側，巧妙地將彩陶頭部做爲人面，而陶壺腹部隱喻身體，特別強調女性生殖器官，表現了先民祈求子孫繁榮的願望。壺的另一面爲典型具有馬家窯文化特徵的龜紋樣。

〈魚紋彩陶盆〉（仰韶文化）同是半坡出土。半坡彩陶中出現大量表現魚的紋樣，將這些紋樣匯集在一起加以比較，會發現，從具象轉變爲抽象的幾何紋樣，即是從概括表現魚紋樣開始。

輕盈和厚重涇渭分明的陶器

這裡要分析兩種陶器：浙江河姆渡遺址出土的〈豬紋黑陶缽〉，是厚重的黑陶，缽上刻有野豬的形象。將野生動物家畜化、植物栽培化，是文明發展史中重大的轉折點。對這頭野豬的表現是採用雙線，作者用雙線強調平面繪畫的表現和力度，豬身體的紋樣又兼有剪紙的表現效果，是中國早期線刻畫的優秀範例。

另外一件厚重的陶器是〈陶鷹尊〉（仰韶文化），畫面上既大又銳利的鷹目，是這件陶器最精彩的部分；鷹體和陶體的合體手法，讓人感覺似鷹而非鷹，似尊而非尊。尊是酒器，此件是女性墓的陪葬品，被壓縮的短粗鷹體，

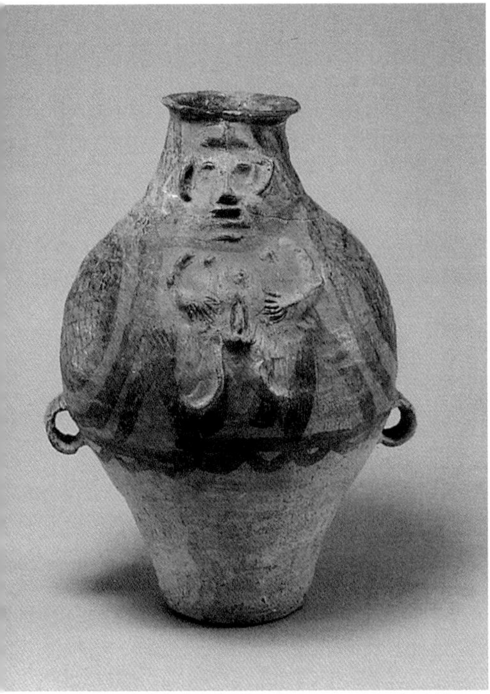
人形浮雕彩陶壺　陶器　高33.4cm　新石器時代（馬家窯文化）

鏤空灰陶器座　陶器　高38cm、底徑29.2cm　新石器時代（大汶口文化）

看起來好像有些笨拙，然而它卻像是在伺機尋找機遇。

大汶口文化的〈鏤空灰陶器座〉在省陶料、追求輕盈、分散重力方面顯然是一件傑作，它像使用其他編織材料一樣使用陶土，追求空靈而採用透雕手法，在大汶口文化中是極爲少見的精品。

智慧的長江下游文化

中國文明來自黃河和長江，筆者認爲這兩種並列的文明分別呈現陽性和陰性，黃河文明陽，長江文明陰，陽者強剛，陰者豐饒文雅。長江下游的河姆渡、馬家窯文化，以及以後的良渚文化，都顯示出纖細豐富的智慧。

在河姆渡遺址發現過適應潮濕地帶的高床式木造建築遺構，亦經證明有過水稻栽培技術的稻米出土，這是水稻技術向東亞傳播的重要遺址。同樣是良渚文化的浙江，還出土過許多玉器，但不同於中原地區出土的玉器，除了宗教儀式使用的意義之外，那種完璧的計算和精雕，代表了中國玉器登

乳釘紋銅爵　青銅　高22.5cm、寬31.5cm　二里頭文化

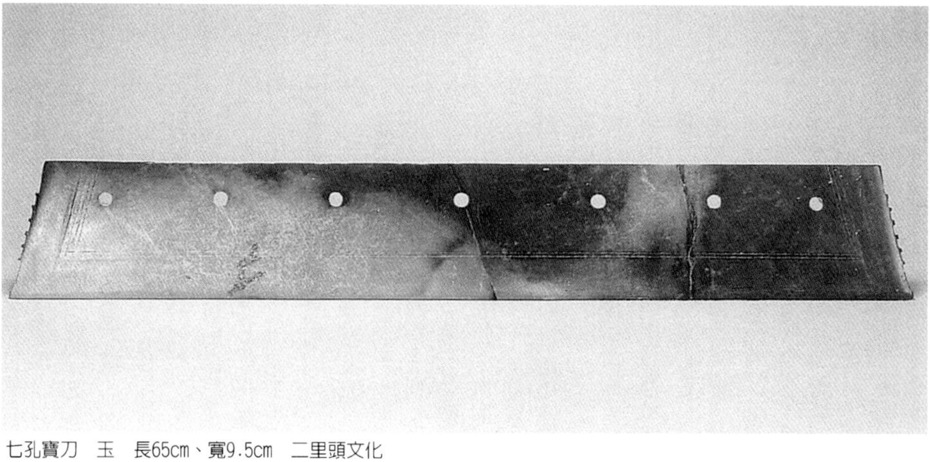

七孔寶刀　玉　長65cm、寬9.5cm　二里頭文化

曲尺形銅建築構件　青銅
縱16CM、橫16.3cm、長57.3cm　春秋

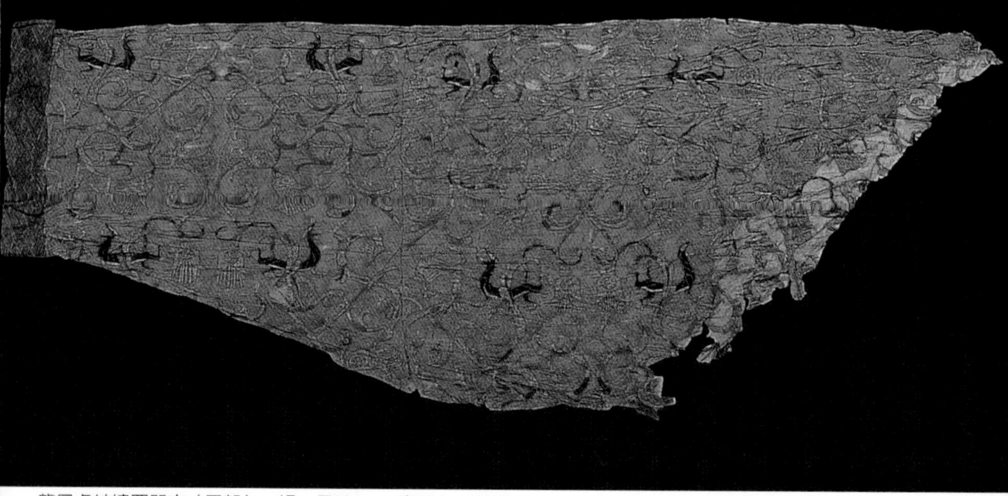

龍鳳虎紋繡羅單衣（局部）　絹　長124cm、寬49cm　戰國

峰造極的水準。

■夏殷周時代

城市文明的遺蹟

中國城市最典型的特徵是，有城即有城牆，所謂城市生活就是放棄類似農業那種體力勞動，這個概念一直延續到今天。從新石器時代後期，各地出現了一百×四百公尺的小方形城壁，根據《史記》記載，從山西省南部到河南省一帶，是從五帝、夏、殷、周的中心地帶發展而來，因此這個地區即成爲廿世紀中國考古學研究的重要課題。由於一八九九年甲骨文的發現、一九二八年河南安陽殷墟的發掘，殷王朝的面貌被世人所知。對夏王朝的考古挖掘，是中國現代考古學最重要的工作。考古學家們認爲，從城市這一點來看，夏、殷、周是城市國家聯合的時代。

這裡涉及的是黃河流域的城市文明遺蹟。至於長江流域，根據四川省三星堆的出土，證明長江上游地區曾經有過不同於中原地區的高度文明，包括城市遺址的發現，這動搖了中國傳統「黃河是中國文明發源地」的一貫說法。

夏王朝何時見真容？

凡是涉及中國歷史的教科書，都認爲中國最初的王朝是「殷」，但並未有進一步考證，當初人們也說殷王朝只是傳說而已，直到一九二八年殷墟遺址獲掘，其中出土甲骨文上面所刻王名，與司馬遷著名的《史記》中所記載完全一致，殷王朝因而得到證實。

中國考古學家根據《史記》提供的線索，繼續尋找夏王朝，他們確信夏王朝的城址範圍應該在現在的河南省西部和山西省南部，調查結果在河南省發現了二里頭文化，這是一九五九年的考古成果。根據測定，二里頭文化與夏王朝在時間帶上重疊，因此人們一般認爲，二里頭就是夏王朝的遺蹟。但是因爲未發現任何文字資料，所以還不能下最後結論。

青銅玉器的頂峰——二里頭文化

這次僅展出兩件二里頭出土的遺物，但如果將它與以後的殷代文物相比，就可以看出二里頭遺址出土的青銅和玉器的造形水準遠在後者之上。

二里頭遺蹟還首次發現中國歷史上儀

式用的青銅容器〈乳釘紋銅爵〉，是一個溫酒的容器，容器具有中國早期青銅器的特徵，其造形的銳利具有極高的美學價值，整個造形像似一只鳴鶴，而左側伸出來的流道讓人想起鶴頸。

另外一件是〈七孔寶刀〉，在刃和背上雕有兩條陰線，而在寶刀的左右兩端，並有用雙線刻的菱形格子紋樣，寶刀上鑽有七孔。這把又薄又大的玉製寶刀，顯然不是實用刀，而是一種權力的象徵物。這件文物讓人想起長江流域的四川省三星堆出土的，一件極其類似的文物，其造形和線刻樣式非常接近，說明這兩個相距上千公里的遺蹟，很可能有著橫向往來。人們猜測黃河文明和長江文明在很早以前就有交流。

彩繪漆盾　木、漆　高93cm、寬52.8cm　戰國

文字的創造——文化飛躍發展的基因

殷周王朝最重要的文化是文字的創造。河南殷墟遺址出土的甲骨文是漢字的前身，在青銅器上還出現刻文字——金文，之後文字的演變又從刻字轉變爲寫字，這是由於做爲媒體的載體不斷發生變化，而形成新的交流方式。現在我們所使用的漢字，在西元前三千年左右就出現了，《史記》有關文字出現的歷史記載顯然有誤。

甲骨文字是刻在牛的肩胛骨或龜的腹甲之上，除此之外，還有刻在山羊、羊、鹿這些動物的骨和角，以及人的頭蓋骨上邊。這是表示占卜結果時使用的文字。現在我們把占卜當做一種娛樂行爲，但是在古代，卻是左右王朝行方的重要儀式，或者說是當時的先端科學，因爲占卜是古人對自然的一種認識方法。

雙龍拱壁紋空心磚　陶製　橫120cm、縱38cm、深18cm　秦

彩繪陶兵馬俑　陶製　前漢

■春秋戰國時代

「中國」概念誕生

按照字面理解，「中國」即位於中央位置的國家。周王朝滅亡迎來春秋戰國新時代，然而諸國各自爲政，難免發生糾紛和摩擦，因此有必要制定一種國際秩序，從而產生了「中華」，又稱「華夏」的這個概念。春秋戰國時代的狀況是，建造治水設施、開展大型土木工程、普及鐵器工具、開拓廣大的平原地帶、屯墾戍邊、在國境配備騎兵、建造巨大陵墓、發展以一個家庭爲主的農業、構築長城等。

最早的藝術繁榮期

春秋戰國時代的藝術，是中國最早的繁榮時期，與戰國本身的歷史有關。陝西鳳翔縣出土的〈曲尺形銅建築構件〉極爲精彩，其造形的銳利、剛健，前所未有。這是建造宮殿樑角處的構件，出土地點是秦都雍城城內，遺址出土了類似構件六十四件，宮殿遺址也得到確認。從這些文物上可以看出秦國藝術超強的力度，正反映出秦國那種強悍的征服慾望，以致成爲統一中國的大帝國。

楚國藝術——長江下游文明的象徵

見戰國時代〈彩繪漆盾〉，無人不驚嘆其藝術造形之高超。這是一

祭祀場面銅貯貝器　青銅
高51cm、口徑30.5cm　前漢

個木製漆彩繪盾牌，表面在黑底上繪赤、黃、青三色紋樣，背面則是在黑底上繪龍、孔雀、樹木、人物形象，它與包山楚墓曾侯乙墓出土的漆盾造形類似，只是在外形和紋樣上有些差異。漆盾是楚國文化的重要代表，出土地點是戰國楚國的中心地帶。

戰國時代〈龍鳳虎紋繡羅單衣（局部）〉則展現了戰國針織藝術的最高水準，雖然只是殘片，然而面對實物不由生出發自心底的感動，深感楚人智慧之高超。如果不是看到實物，很難判斷在半透明的沙衣上，繡織龍鳳虎交錯紋樣那種流動的韻律，以及技巧、素材的美感。楚國在春秋戰國時代擁有最大的版圖，長江從西到東橫穿楚國，繁榮的楚國藝術是長江下游文明的象徵。

■秦漢時代

帝國的文明

在世界歷史的同一時間帶上，地中海世界誕生了羅馬帝國，而在東方則誕生了秦漢帝國。在西北的黃土高原，以牧馬維生的關中平原爲據點的秦國，滅掉了東方平原上的六國，建立了中國歷史上第一個統一大帝國，開始了秦始皇時代。戰爭當然是殘酷的，但從秦國的角度來看，統一戰爭則是正義的。秦始皇統一中國後，便開始採用郡縣制、度量衡、車同軌、統一文字等一系列施政方針，這是秦始皇制定新的國家秩序而採取的措施。然而在秦始皇還沒有完成他的中央集權統治制度時就瀕於崩潰，農民出身的劉邦經過五年戰鬥，最後建立了漢帝國，開始了中國眞正的帝國文

陶擊鼓說唱俑　陶製　高55cm　後漢

七層連閣陶樓　陶製　高192cm、寬168cm　後漢

門楣畫像石　石雕　縱40cm、橫196.5cm　後漢

明。

這次展出幾件秦始皇時代的兵馬俑，由於場地所限，無法展現秦始皇兵馬俑坑出土時的壯觀景象。同時爲保護未經任何玻璃防護的兵馬俑展品，其旁特地派館內人員看守，據了解，過去兵馬俑在日本展出時，曾經遭到右翼人士的損壞。

秦始皇是一位暴君，除了兵馬俑的氣勢讓人佩服之外，那個強權統治時代的藝術，一般認爲受到壓制，當然也沒有漢王朝那樣豐富多彩。但是注重軍事力量的秦王朝，把許多精力放在製造兵器上，從這次展出秦始皇一號銅車馬的附件，銅弓銅箭和銅箭盒，以及銅劍，可見得除了它們的功能之外，也都應該說是純度很高的觀賞藝術品。秦始皇時代阿房宮出土的〈雙龍拱璧紋空心磚〉，是以後漢代磚造形的範本。

鶯歌燕舞的漢王朝

同是帝國，但漢帝國和秦帝國完全不同，我們現在只能透過遺址和出土文物了解當時的面貌。〈彩繪陶兵馬俑〉是前漢作品，然而這些群俑，不像秦始皇兵馬俑那樣如眞軍眞馬一樣的氣勢，反而既小又可愛，不像保衛疆土的戰士，而像和平時代的警察部隊，人物比例都像小學生。

漢王朝的漆器算是中國漆器的黃金時代，如漆案、漆盒、漆杯、漆博具等等。它們都放在一個展櫃中時，我發現，呈現出的是一種水平方向的走向設計。薄、底、寬、平面展開、橫向加長、安定、輕盈、有秩序、合理的空間分佈等，諸多的特徵都體現在一系列的展品中。

後漢〈七層連閣陶樓〉是一件巨大的陶建築，出土狀態非常完整，主體建築與附屬糧倉構成有致的均衡關係，尤其門窗之開口錯落位置別具匠心。雖然展出與建築有關的文物極少，但是這件陶樓可以看出漢代在建造上的美學和空間意識。

陝西省考古研究所提供的後漢〈門楣畫像石〉，是一件難得的完整彩色畫像石，它的畫面構圖、人動物表現，以及著色方法都讓我想起，與湖南出土的漢代帛畫有非常多相似之處。

漢王朝的藝術，除了表現傳統故事、神話題材之外，還有大量表現現實中娛樂生活的作品，如〈陶擊鼓說唱俑〉與那些雜技畫像磚題材相同，透過說唱人手舞足蹈的誇張表現，可以領略到作者的觀察力之敏銳。

漢王朝藝術中生活化的題材大量存在，陶豬、陶狗、陶羊、陶牛、陶雞、陶山羊、陶豬圈、陶井、陶

雙身彌勒半跏石坐像　白大理石
高93cm　北齊

屋、陶樂器、陶塔等等，幾乎涉及漢代生活的方方面面，這些一是反映漢王朝生活安定富有，二是在審美趣味方面從神化走向現實，爲以後寫實風格的中國藝術開了先聲。

除此之外，我們還要提到西南少數民族地區的文物，特別是雲南晉寧縣石寨山出土，表現祭祀場面的青銅器〈祭祀場面銅貯貝器〉，在這個不大的青銅器頂部，有衆多人物、動物和建築登場，在建築周圍有屠殺、交易、受刑、奏樂等各種場面，讓人想起荷蘭畫家布魯格爾的風俗畫場面。

■魏晉南北朝

胡漢文明與佛教東漸

魏晉南北朝時代，是中國歷史上少有的朝代頻繁更換的時代，這是由於北方草原游牧民族，越過長城向農耕地帶移動，北方森林民族南進中原，在傳統的漢族領地建立國家，以致出現從未有過的混亂局面，在東方大平原上出現胡漢南北分據的狀況。

漢族所指的「胡」是來自西方和北方的文化，他們把外來宗教的佛教也稱爲「胡神」，印度傳來的佛教迅速取代了中國本土的儒教和道教，此時中國的狀態有了相當大的變化，外來文化影響了中國的服裝、飲食、思想和制度，特別是胡人帶來許多食物，不久就在漢族文化中落戶。事實上豐富的漢民族文化影響了入主中原的胡人，漢民族同時也吸收了胡人的文化。

混合文化藝術現象

混合文化是指胡漢文化雜交，從那些陶俑上的頭飾和服飾即可發現已有很大的改觀，雖然有畫像磚存在，但是南朝時的畫像磚圖案，已經非常世俗化，明顯受到胡人服飾紋樣的影響。曾經在中國東北地方大興安嶺中過著游牧生活的鮮卑族，南下一千五百公里在現在的山西大同建國北魏，開鑿大同石窟。這時的佛教石窟是中國早期水準最高的佛教藝術勝地，可惜隨著政權來移，進入中原河南之後的龍門石窟，在表現上已大大遜色於大同石窟。

北齊時代〈雙身彌勒半跏石坐像〉使用白色大理石，兩面透雕形式，人物刻畫得極其生動，特別是菩薩坐像下邊八名裸體男童的形象非常可愛。坐像分前後兩面表現釋迦牟尼和菩薩的世界。

■隋唐時代

世界帝國及涵蓋範圍

公元六世紀結束了南北朝時代，隋王朝很短，是盛唐到來的前奏，雖短但有一大功勞，即開鑿了連接南北的大運河。

大唐帝國擁有世界上最大的百萬人城市，是亞洲各國嚮往的首都。長安城的規模說明隋唐帝國的強大，然而他與千年以前的秦漢帝國不同的是，中國在經歷了五胡十六國游牧民族，由北方進駐漢民族的心臟地帶中原之後，文化得到大大改觀，在接受衆多的民族文化之後，突然變成一個比歷史上的中國大幾倍的大唐帝國，進而一舉成爲世界帝國。那時朝鮮、越南以及其他周圍國家，都在大唐帝國的版圖之內，秦漢是東亞古典文明的時代，而隋唐帝國注重和東南亞各國以及西方國家的外交，在中西交通史上留下許多重要的足跡。

隋唐文化極大地影響了周邊國家，特別是日本曾有空海、元仁這些僧侶拜訪長安城，將佛教文化傳到日本。十世紀初，大唐帝國崩潰，東亞進入激烈變動的新世紀，盛唐的制度已經不再成爲東亞各國的藍本。

繪畫的興起

陝西省富平縣出土的〈壁畫．宮女圖〉，是從唐代第四代皇帝中宗的第三個兒子墓定陵陪葬墓中出土的八世紀初的壁畫，對人物精緻的表現，是近年來出土的唐代壁畫中的精品。日本考古學

壁畫・宮女圖　高134cm、寬168cm　唐景雲元年（710）　1995年陝西富平縣出土

家認爲，把它與日本的高松塚古墳和高句麗古墳壁畫中所繪的女性相比較，人物、服裝、構圖等表現非常接近，是研究東亞文化史珍貴的資料。

盛唐的金銀器明顯受到波斯文化的影響，唐三彩的製造也有來自西方的技術。一般而言，唐代的藝術傾向於顯示富貴榮華，與以前的藝術相比，可說是個分水嶺。此外，唐朝藝術在藝術史上的一個重要現象，即是繪畫開始盛行。

長安城周圍有許多皇帝和皇族的陵墓，陵墓壁畫傳達了隋唐帝國的氣氛，那裡有從東羅馬、東亞來的外交使節、儀仗隊，以及貴族們狩獵、競賽、宴會、娛樂的場面。盛唐繪畫的成就，爲以後中國建立畫院，以及宋元繪畫這個中國繪畫高峰時代奠定了基礎。這次展覽展出了非常珍貴的唐代墓室壁畫原件。

展覽從中國卅六個博物館、文物研究所和文物保管所，借來青銅器、漆器、金銀器、石像雕刻等國家重要文物一百廿一件一舉公開，其中有世界首次公開的三件唐代壁畫精品。這些超一流的文物，濃縮了中國文明的全貌，是從未有過的規模，在世紀末，給予受中國文化巨大影響的日本人民，帶來千載難逢的機會。

玉琮　大汶口文化

「中國文明」美術館入口

▼商周部分展櫃

春秋戰國展品展櫃

前漢漆器展櫃

彩繪漆盾　前面局部　戰國

畫像石展室　後漢

〈彩繪漆盾〉背面

▲十二生肖陶俑　唐代

唐代壁畫展櫃

唐代石刻展台

彩繪木俑展櫃　前漢

陶座銅搖錢樹和鼓說唱俑展櫃　後漢

製鹽畫像磚展壁　後漢

大地與城市文明的興亡

「印度文明展」概述

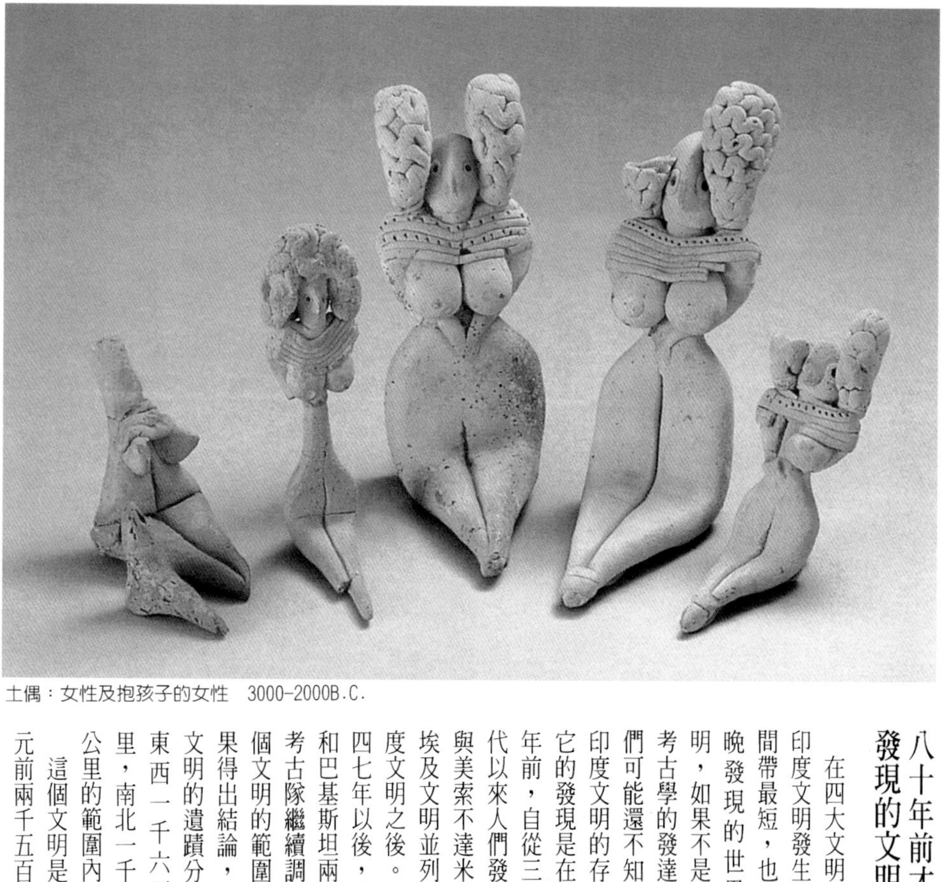

土偶：女性及抱孩子的女性　3000-2000B.C.

八十年前才被發現的文明

在四大文明中，印度文明發生的時間帶最短，也是最晚發現的世界文明，如果不是近代考古學的發達，人們可能還不知道有印度文明的存在。它的發現是在八十年前，自從三〇年代以來人們發現了與美索不達米亞和埃及文明並列的印度文明之後。一九四七年以後，印度和巴基斯坦兩國的考古隊繼續調查這個文明的範圍，結果得出結論，印度文明的遺蹟分佈在東西一千六百公里，南北一千四百公里的範圍內。

這個文明是從西元前兩千五百到西

元一千八百年左右，以印度河流域爲中心繁榮起來的南亞最早的城市文明。至今爲止，被發現的遺蹟總數超過一千五百個，其主要特徵爲，那些著名的城市遺址，行政和宗教的場所與日常的生活場所整然區分開來，大小道路整齊，並設有排水設備等，說明當時有著完整的城市規畫。從現在挖掘出來的城市遺址中，發現了當時豐富和平的市民生活的許多遺物，證明那兒曾經有過城市的繁榮。

根據最近研究的成果發現，印度文明與美索不達米亞和波斯灣地區有過非常活躍的海洋貿易，在美索不達米亞的文獻記載中，有關與印度來往的紀錄在西元前二三五〇年以後就出現了。廣大的土地，周密城市規畫，以及和美索不達米亞的交易，構成了印度文明的面貌。

這次展覽得到印度和巴基斯坦兩國政府，以及大英博物館的協力，巴基斯坦的國寶〈神官王〉和印度的世界首次公開的Dholavira古代遺址遺物，讓我們看到印度古代文明活生生的姿態。

農業發展爲文明的基礎

像其他文明一樣，印度文明也不是突然出現在印度河流域，它是從西元前七千年長期發展的農耕文化的基礎上成立的。可見一個成熟的文明出現，都是以農耕文化爲本，在人類的衣食住行這些

女性坐姿　2700B.C.

神官王像　石雕　2600-1800B.C.　喀拉蚩國立博物館藏

土偶：女性　2600-1800B.C.

土偶：人物　2600-1800B.C.

基本生活有了保障之後，才會形成尋求精神世界和發展農業以外行業的高度文明。

西元前三千年初，人們開始開發印度河流域肥沃的平原，在丘陵地帶和小河周圍發展農業，然後向大河（印度河）流域擴展，生產的飛躍發展不斷產生大型部落。此時部落文化的特徵是，石器、金屬器和磚瓦等器物和材料開始發達。然而至今整個印度文明的成立過程仍然不太清楚，雖然有著繼承關系，但是綜合印度文明的特徵是，達到了農耕社會的頂點。

城市與信仰

近年來印度文明的連續性受到學界的注目，特別是在印度河流域存在著廣泛的「牛信仰」現象，這些是在陶器上所繪的圖案中發現的，特別是牛頭部的角和角之間畫有植物形象，考古學家們認爲這意味著神格和人格合體，把它做爲印度文明精神世界的支配者。

在Mohenjo-daro的城市中央

土偶：動物　2600-1800B.C.

部，有一個十三×八×二．七公尺的磚造巨大澡堂，在它的周圍建造了一座糧倉，人們認爲它具有神殿的功能。據推測，Mohenjo-daro城是當時文明的首都，而在被發現的許多印度古代城市中，只有這個城中有這個巨大的浴場。

Mohenjo-daro出土的〈神官王〉（2300B.C.）是巴基斯坦的國寶，身穿三葉紋樣的衣服、很濃的鬍鬚、橫長的眼睛、堂堂的容貌，像是有著很高地位的宗教行事的男性，是印度文明出土文物中重要作品之一。

根據考古調查，這些諸多的城市規畫並非按照統一的概念，但是在度量衡方面卻是統一的，每座城市既獨立又互相競爭，在這一點上，與美索不達米亞的城市國家性格有著很大區別。

河流左右了人類的生存環境和繁衍，在印度河流域也如此。大河是文明的動脈，印度城市的存在，是當時經濟流通的核心，從農村和礦山運來許多原材料向城市集中，在城市中加工變成製品然後再運往農村，在那個時候就已經形成這種循環系統。

這一說法的根據是，只有具有那種專門的技術，才能製造生產那些貴金屬工藝品、陶器、印章、裝飾用具等，而保證原材料的供給說明當時已經有健全的流通渠道。展覽會上展出了大量的陶器、陶偶、金屬器、印章、珠寶裝飾等手工藝品，可見當時的生活之豐富。考

石製容器　2500-2000B.C.　大英博物館藏

印度Mohenjo-daro城市中央發掘的大澡堂

金屬製品：雙牛　1900B.C.

古學家們透過放射性同位素來測定，印度文明在西元前一千八百年左右崩潰。

文明的崩潰及其繼承

印度文明崩潰的原因可以這樣推測，西元前二千年左右，印度河河口出現地殼變動，使大地隆起，河水氾濫改變了河道，當時城市建設與河流有著密切的關係，然而河道的突然變更，給城市的活動帶來很大的打擊，河水氾濫使城市機能癱瘓，耕地遭受到鹽害，農業生產產量迅速減少，加速了城市崩潰的速度。達到印度文明頂點的Mohenjo-daro，就這樣無情地消失了。

雖然城市已經失去了應有的控制功能，許多人仍然生活在那個癱瘓的城市中。根據近年的調查結果，繁榮的印度文明後來向墓地文化轉換；然而文明統合的時代結束，反而拉開了地域性文化的帷幕。雖然古代的城市消失，但是印度文明的傳統仍然對地域文化產生持久的影響。我們在今天的印度和巴基斯坦，仍然可以看到印度文明的殘影，早期文明時代開拓的技術和生活樣式，仍然在南亞各地存在，並影響著今天的生活。印度文化中最重要的標誌是，釋迦牟尼產生於當時的印度文化圈，對整個亞洲人的價值觀產生深遠的影響，正是由於有了古代印度文明的基礎，才能開出如此燦爛的花朵。

城市中央發掘風景（1993）

農耕時代的彩陶展櫃

「印度文明展」入口

陶製棋具

世界最早的骰子

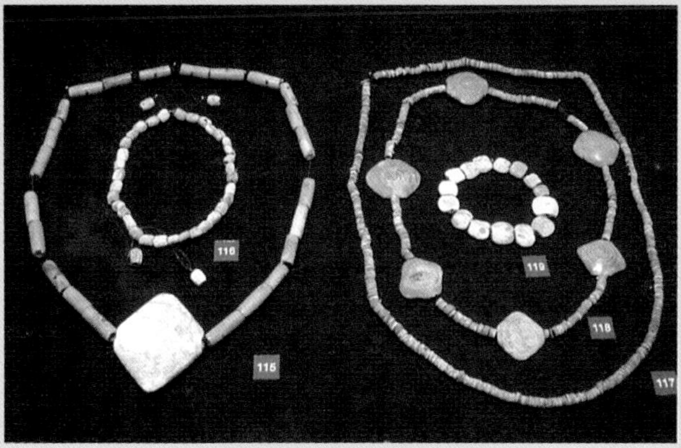

裝飾品

Mohenjo-daro的城市中央部

復原城市住宅內部

女性陶偶展櫃

國家圖書館出版品預行編目資料

美索不達米亞藝術〈藝術家專輯別冊〉
/ 潘襎、方振寧等著
-初版，台北市：藝術家出版社：民 90
面：　　　公分----
參考書目：面

ISBN 957-8273-87-8（平裝）
1. 伊拉克-歷史-古代(634 年以前)
2. 美索不達米亞-文化

735.521　　　90004178

美索不達米亞藝術

〔藝術家專輯別冊〕

潘襎、方振寧等著

發行人　何政廣
編　輯　藝術家雜誌社
美　編　李宜芳
出版者　藝術家出版社
台北市重慶南路一段 147 號 6 樓
TEL：(02)2371-9692-3
FAX：(02)23317096
郵政劃撥：0104479～8 號藝術家雜誌社帳戶
總經銷　藝術圖書公司
台北市羅斯福路三段 283 巷 18 號
TEL：(02)23620578　23639769
FAX：(02)23623594
郵政劃撥：0017620~0 號帳戶
分　社　台南市西門路一段 223 巷 10 弄 26 號
TEL：(06)2617268
FAX：(06)2637698
台中市潭子鄉大豐路三段 186 巷 6 弄 35 號
TEL：(04)25340234
FAX：(04)25331186
製　版　新豪華彩色製版印刷有限公司
印　刷　欣　佑彩色印刷有限公司
初　版　中華民國 90 年 3 月 16 日
定　價　新臺幣 360 元

ISBN　957-8273-87-8
法律顧問 蕭雄淋

行政院新聞局出版事業登記證局版台業字第 1749 號